JN224386

はじめに

本書を手に取られた読者のみなさんは、「叱る」という行為について、どのような関心をお持ちでしょうか。どうやって叱ればいいか、叱り方に悩んでいる方かもしれませんし、逆に叱ることをやめたいと考えている方もいると思います。

本書は『脱・叱る指導　スポーツ現場から怒声をなくす』の通り、スポーツ指導における「叱る」について、その本質や向き合い方をさまざまな角度から掘り下げていく一冊です。

そもそも、「叱る」とはどういう行為を指すのか。
「叱る」と「怒る」にはどんな違いがあるのか。
叱ることでどんな効果があるのか。
厳しく叱ることで、心は本当に強くなるのか。

なぜ、スポーツ界から体罰がなくならないのか
叱らずに人を育てていくことはできるのか。
「叱る指導」を手放すことは可能なのか。

私、村中直人は臨床心理士・公認心理師で、ニューロダイバーシティ（脳の多様性）というキーワードでの発信やコンサルティング及び、発達障害の支援者養成を行っています。また、２００９年に「あすはな先生」と名付けた学習支援事業を立ち上げ、今も運営責任者の立場で関わり続けています（一度現場を離れたのですが、２０２５年１月に共同責任者として復帰しました）。

じつは私は中学生の頃までは教員を目指していました。ある日、なぜ教員になりたいのかを突きつめたときに、何か悩んでいたり、不安を抱えていたりする子どもの力になりたいからだと気づき、臨床心理士を志した経緯があります。

その意味で「あすはな先生」の事業は、そんな私の原点とも言えるものです。立ち上げた当時は家庭教師事業から始めたのですが、保護者との面談や講師の指導・サ

ポートなどを行うコーディネーターとして、学びに困難を抱えた多くの子どもとその保護者に出会いました。

さまざまな親子と関わる中で感じたのは、我が子のことを真剣に考え、愛情を注いでいる親であっても、いや愛情を注いでいるからこそ、感情的になって、子どもをきつく叱り続けてしまう場合があることです。我が子への期待や焦りなど、親御さんにしかわからない複雑な感情があるわけですが、子どもが泣き出してしまったり、混乱状態に陥ったりしても、ずっと叱り続ける場面も少なくありませんでした。

ただ、だからといって、叱られることによって勉強ができるようになったり、勉強に臨む姿勢がよくなったりすることがないのも事実でした。こんなに叱られているのに、目の前にある問題が一向に解決しないのはなぜだろうか。解決に至っていないのに、保護者がここまで叱ってしまう理由はどこにあるのだろうか。ずっと疑問を感じていました。私が出会ったのは自分たちの事業を通じた家庭内の出来事ですが、「叱らずにはいられない」状態になってしまう人は、学校や企業などこの社会のいたるところに存在しているように思えました。

そんなところから「叱る」の本質に興味を持つようになった私は、自分の専門の心理学や、新たに学んだ脳・神経学など広い視点から「叱る」について探究するようになりました。その結果、人間には「処罰欲求」と呼ぶべき欲求が、脳の働きとして存在していることや、叱られて過度なストレスを受けた人は知性や判断を司る脳の働きが弱くなり、自ら考えて行動する力が奪われていることなどを知りました。

私の体験や専門的な知見を総合的にまとめたのが、2022年2月に発売された『〈叱る依存〉がとまらない』（紀伊國屋書店）です。叱る側が自分の行動にブレーキをかけることができず、叱り続けてしまうことを表現するために〈叱る依存〉という強めの言葉を用いたのは、私なりの危機感や課題感を表現するためでした。人間であれば、誰にでもありうることなので、多くの人に当事者意識があったからでしょう。著者である私の想像以上の反響となり、ありがたいことに今も読まれ続けています。

2024年7月には、『叱れば人は育つ」は幻想』（PHP新書／2024年7月発売）という新書を出版しました。こちらは、工藤勇一さん（元麹町中学校校長）、中原淳さん（立教大学教授）、大山加奈さん（元女子バレーボール日本代表）、佐渡島庸平さん（コルク代表取締役社長・編集者）との対談がメインで、「どうすれば人は成長するのか？」を、幅広い視点から語り合っています。

今回が「叱る」をテーマにした三作目の著書になります。

私はスポーツ畑の人間ではないのですが、野球やバレーボール、フィギュアスケートなどをファンとして楽しみにしていて、指導法にも興味を持っています。また子どもたちの支援をする中で、スポーツの指導で叱られ続ける子どもにも多く出会ってきました。

スポーツ界には未だに怒声や暴言、厳しい叱責を含めた「苦痛を用いた指導」が存在し、社会問題になっています。体罰はその最たるものでしょう。こういった「指導」は社会の目や時代の流れ、指導者の理解もあり、一昔前よりは減っているとは感じますが、テレビや新聞で報道を見聞きするたびに、心苦しい気持ちになります。

「厳しく叱るのをやめましょう」「子どもの意思を尊重しましょう」と言い続けるだけでは、体罰が絶対になくならないことは目に見えていることです。

なぜ、体罰がなくならないのか——。

逆に言えば、なぜ、スポーツ界では体罰が起きやすいのか。

私はスポーツ界独特の環境要素と、「叱る指導」の容認につながる指導者側の子ども観やメンタリティに本質的な原因があると思っています。指導者自身がその根本を知り、理解を深めていくことが、子どもたちの身体と心を健やかに育む指導につながっていくと、私自身は考えています。

本書で後に詳しく解説していきますが、体罰が起きやすい環境要素として、「明確な権力格差」と「密室性」の2点が挙げられます。どれだけ人間的に優れた指導者であっても、この環境で指導をしていると、無意識のうちに〈叱る依存〉に陥ってしまう可能性があるのです。それは、指導者と選手だけでなく、親と子の関係性にも通じることです。

本書では、指導現場のリアルな声をお届けするために、各競技における一線級の指導者、識者にお願いして、対談を企画しました。

野球界から、2022年夏の甲子園で東北勢初の全国制覇を成し遂げた仙台育英高の須江航監督。サッカー界から、ジュニア世代の育成に長けた池上正さん（NPO法人I.K.O市原アカデミー理事長）。そして、競泳界から、2000年シドニー五輪代表の萩原智子さん（日本水泳連盟理事）に登場していただきました。

選択肢の幅を広げること、自己決定の大切さ、すべての考えのベースは人権の尊重にあることなど、人が育つためのエッセンスが詰まった対談になっています。

各章の中で、既刊本と重なる内容もありますが、「〝叱る〟の本質を理解するうえで大切な考え」という意味を込めて、要点を紹介しています。ご理解いただければ幸いです。

なお、本書はスポーツライターの大利実氏との共著という形を取っています。私自身は対人支援やコンサルティングの視点からスポーツ指導に関心を持っている人間であり、実際にスポーツ現場で指導してきた専門家ではありません。そこで、野球界を中心に長年、育成世代の取材を続けている大利氏から、「叱る」についてさまざまな角度から問いを投げかけていただき、それに私が答える形で進めていきます。大利氏には、聞き手の立場として課題点や疑問点を掘り下げてもらいました。

それでは、第1章に入っていきましょう。最初に「叱る」の定義を明らかにしたうえで、「なぜ、人は叱りたくなるのか」を考えていきたいと思います。ぜひ、最後までお付き合いください。

脱・叱る指導　スポーツ現場から怒声をなくす　目次

第3章 スポーツ界に求められる指導法

第4章 指導現場からの質問に答えます

第1章

人はなぜ叱りたくなるのか

大利からの問いかけ

そもそも「叱る」の定義とはなにか？

「叱る」という行為をどのように捉えるのか。

「叱る」が大きなテーマとなる本だけに、ここは避けては通れないところです。この言葉は人によって捉え方がさまざまで、それぞれに異なる意味やイメージを持っています。限定的な意味で捉える人もいれば、辞書的な意味よりももっと広い行為を指していることもあるでしょう。

そのため、スポーツにおける「叱る指導」の議論に進むまえに、「叱る」の意味を明確に定義しておきたいと思います。「私の考えが絶対」と言いたいわけではありませんが、「そもそも、叱るとは何か?」について一定の共通理解がないと話がかみ合わなくなってしまうからです。

「叱る」に含まれた「攻撃性」

まずは「叱る」について、その本質を考えてみましょう。

イメージしてみてください。あなたはどんなときに叱りたくなりますか?

わが子が言うことを聞かないとき、生徒や部下が指示通りに動かないとき、言ったことに対して返事がないとき……。スポーツ指導でいうならば、選手が練習に真面目に取り組まないときや、怠慢なプレイが目に余るときなどに、大きな声を上げて「叱る」のではないでしょうか。

これらに共通しているのは、権力を持っている側の人が、自分の思い通りにならない人に対して行う行為だということです。人間ですから、うまくいかないときに感情が働くのは当然のことです。決して、「絶対に叱ってはいけない」と言いたいわけではありません。限定的ではありますが、叱ることが効果を発揮する場面もあります（このことは後ほど詳しくお話ししていきます）。しかしながらやはり「叱る」という行為は、指導方法として注意が必要な行為です。

インターネットの用語検索『Weblio辞書』で「叱る」を調べてみると、こう書かれています。

「目下の者の言動のよくない点などを指摘して、強くとがめる」

「とがめる」は、「悪いこと・望ましくないこととして、注意したり責めたりする。なじる。非難する」を指す言葉であり、このことから、「叱る」には相手を責める攻撃的な要素が強いことがわかります。じつはこの攻撃性こそが、「叱る」の本質を理解するための、大きなポイントなのです。

キーワードは「権力格差」と「ネガティブ感情による支配」

本書では「叱る」を次の2つの条件を満たす行為として捉えます。

1 叱る側が言葉などを用いて、受け手側にネガティブな感情体験を与えている
2 権力のある側が相手の行動や認識の変化を引き起こして、思い通りにコントロール（支配）しようとしている

まとめると、「権力のある人が、ネガティブ感情を使って相手をコントロールすること」となります。ここでいうネガティブ感情とは、具体的には「イヤ」「苦痛」「辛い」「怖い」などと感じることです。そのため、叱られている最中は「早くこの時間が終わらないかな……」と思っていることが多いはずです。「私のことをこんなにも叱ってくれてありがとうございます」とポジティブに受け止められる人は、なかなかいないでしょう。

このように整理すると「叱ると怒るは違うもの。怒るのは感情的になっていてだめなこと、叱るのは理性的に相手のためを思ってすること」というよくあるセリフが、正しくないことがわかります。なぜならばそれは叱る側の論理であって、叱られる側のことを一切考えていないからです。叱られようが、怒られようがネガティブ感情を抱き、行動をコントロールされていると感じているのであれば、受け手にとっては同じことです。

私自身、「子どもは、叱られると怒られるの違いがわからないのではないか」という疑問を、若い頃に始めた『あすはな先生』の実践の中で感じていました。保護者や指導者から厳しい言葉をかけられている子どもの状態を見ると、「叱る」が正しいのか、「怒る」が正しいのか、そんなことは言葉遊びに過ぎないと思ったのです。叱る側ではなく、叱られる側の視点に立つと、見えてくることがたくさんあると思います。大事なことは、受け手側の反応にあるのです。

幅広い用途で「叱る」が使われているのが現状

先ほどもお伝えしましたように、「叱る」は権力や役職的に上に立つ者が行う行為です。叱る側・叱られる側の両者の間には、明確な「権力構造」が存在しています。生徒が先生を、子どもが親を叱ることは、ほとんどないことでしょう。「コントロール（支配）」とは、権力者が「ああしなさい、こうしなさい」と思い通りに動かそうとすることです。多くの場合、どのようにすればいいのか、その方法にまで細かく指示を出します。

受け手側からすると、叱る側からネガティブな感情を与えられたうえに、行動まで支配される。叱った側は満足するでしょうが、叱られた側の状態を考えると決して、プラスに捉えられる行為ではありません。逆に考えれば、この2つを満たしていないのであれば、「叱る」と呼ぶ必要はないと思っています。「諭す」「伝える」「説明する」「忠告する」「指摘する」など、ほかに適した表現がいくつもあります。つまり、「叱る」を避けることは、決して必要なことを伝えないことではないのです。「叱る」

以外にも、指導や教育に役立つコミュニケーション方法はたくさんあります。

読者の中には、「ネガティブな感情を与えずとも、叱ることはできるのでは？」と考える人もいるかもしれません。しかしながらその場合、そもそも「叱る」という言葉を使う必要があるのでしょうか。たとえば「叱る」ではなく「諭す」と表現するほうが、しっくりくるのかもしれません。

叱るも褒めるも、コントロール欲求に関わる行為

書店の教育書コーナーに行くと、「褒めて育てましょう」という趣旨の書籍がいくつも並んでいます。叱る（怒る）代わりに、その子の良いところを褒めていく。とてもよく知られた考え方ですが、人を育てていくのはそんなに簡単な話ではないと感じている保護者や指導者の方も、多いでしょう。スポーツにおいても、「こんな場面でも褒めろって言うの？」「褒める指導とか言う人は現場の実情をわかっていない」などと指導者が感じる場面が少なくないでしょう。

私のところにも、「叱らずに褒めればいいのでしょうか？」という質問がたびたび寄せられるので、本書の最初に考えを示しておきます。大前提として、もちろん「叱るよりは褒めたほうがいい」です。多くの場合、子どもにとって親や指導者から褒められることは嬉しいことで、自信や自己肯定感を高めることにつながると思います。

ただ、ひとつ気をつけておきたいことがあります。それは、「叱るも褒めるも、相手をコントロールしたいという欲求」が元になっていることです。つまりは、自分の思い通りにならない行動を取るときは叱り、思い通りの行動を取ったときは褒めるのです。もちろん、特に褒めるの場合はそうではないときもありますが、人間のコントロール欲求からくる感情が絡んでいることは、間違いありません。どちらも、「コントロール欲求を手放せない」という意味では同じです。

こうした背景もあるので、私は自分の書く本や講演などで「褒める」という言葉をあえてあまり使わないようにしています。私がおすすめしているのは、「叱るを手放す」です。それはイコール、「コントロール欲求を手放す」と同義であり、「褒めるを手放す」ことにもつながります。いずれにせよカギになるのは子どもや選手、生徒の自主性や自己決定を尊重することです。その考えがベースになると、「褒めなくてはならない」というプレッシャーを感じることもなくなってくるでしょう。自己決定に関しては、第3章で詳しくお話しします。

大利からの問いかけ

人はなぜ叱りたくなるのか？

この社会はなぜこんなに「叱る」ことが多いのか、たしかに気になりますよね。

一般的に考えれば、相手の「行動を正したい」「良い方向に導きたい」というのが、叱る側の大義だと思います。つまりは、叱ることは「目の前の人に変わってほしい」と、「他者への変化」を願うものです。保護者の方であれば一度は「あなたのために叱っているのよ！」という言葉を使ったことがあるかもしれません。スポーツの指導者ならば「良い選手になってほしい」、「もっと上手くなってほしい」と願うからこそ叱るのでしょう。叱る側からすれば、愛情をたっぷり込めた感情表現のひとつであり、叱る行為のすべてを否定されると違和感を覚えることもきっとあると思います。

しかしながら、少し違う角度から「叱る」を考えると、別の側面も見えてきます。

人間は誰しも「叱りたくなる欲求」を持っている

じつは、人間は生来的に「叱りたくなる欲求」を持っています。

「三大欲求」として食欲、性欲、睡眠欲が挙げられることが多いですが、ほかにも生存欲求、関係欲求、成長欲求など、人間にはさまざまな欲求が存在しています。その欲求のひとつに、「処罰欲求」があることをご存じでしょうか。

言葉の通り、「悪いことをしている人を処罰したい、苦しみを与えたい」という欲求です。近年の脳・神経科学の研究によって、この欲求は人の〝快感情〟や〝充足感〟といった感情の脳内メカニズムと密接なつながりがあることがわかっています。

叱る側に立ったことをイメージして、自分自身の感情を振り返ってみてください。強く叱ったあとに相手の行動が正しい方向に変わった姿を見て、ある種の〝満足感〟や〝気持ちよさ〟が芽生えた経験はないでしょうか。程度の度合いはあるにせよ、「いいことをやってあげた」という気持ちが出てくることがあるものです。このとき処罰欲求が充たされるだけではなく、自分の行動には影響力があると感じる「自己効力感」も高まるでしょう。

処罰欲求や自己効力感の充足は、言うなれば叱る側が受け取るひとつのご褒美。ご褒美があるからこそ、叱る指導が増えていくのです。それが行きすぎると、「叱る指導」が手放せなくなり、自分でやめようと思ってもやめられない〈叱る依存〉にもつながる場合があります。

「処罰欲求」という言葉を聞いて、「ハッ」とすることはないでしょうか。

近年、社会的な問題になっているのが、匿名で行われることが多いSNSの書き込みです。公人や芸能人、アスリートだけでなく一般人に対しても、何か問題を起こしたときに、ここぞとばかりにSNSの書き込みで攻撃をして、責任を追及したり、謝罪を要求したりする行動を目にします。これこそがわかりやすい処罰欲求による行動であり、誰しもが攻撃側になりうる可能性があります。

私はこうした行為を「正義の暴走」と呼んでいます。たしかに間違ったことは言っておらず「正しい」主張かもしれません。しかしながら、処罰する側は常に安全地帯にいるわけで、一方的に攻撃できる不公平な状態だと言えるでしょう。それに、自分の発信が拡散されることで、処罰欲求だけでなく自尊感情や承認欲求も満たすことができるわけです。「正義感」は大事ですが、自分と関わりのない第三者への処罰欲求に基づく攻撃行動には自制的である必要があるのではないでしょうか。

処罰欲求の充足もドーパミンを放出させる

誰かに罰や苦しみを与えようとするとき、脳ではどんな現象が起きているのでしょうか。少し難しい表現も出てきますが、できるだけわかりやすく説明をさせてください。

「ドーパミン」という言葉をご存じでしょうか。脳の奥深くには「ドーパミンニューロン」と呼ばれる神経が存在し、そこから放出される神経伝達物質がドーパミンです。何らかの報酬を得たときや、報酬を得られると期待したときに放出され、人に快感情をもたらすと考えられています。

ドーパミンニューロンを核とする神経ネットワークは、「報酬系回路」と呼ばれています。ここでの「報酬」とは、金銭的な意味での報酬だけではなく、「生物がそれを求め、それを得ることで快を感じることができるもの」「人間が行動を起こす動機につながるもの」といった、より広い意味で使われる心理学や神経科学の用語です。実際にどのような報酬があるかというと、代表的なところでは生理的報酬、学習的報酬、社会的報酬などが挙がります。簡単に言えば、生きるために必要なこと、後天的に価値があると知ったこと（例：お金）、社会から必要とされることへの欲求は、ドーパミンの放出と密接に関係しているのです。

報酬系回路を理解していただいたうえで、「叱る」に関わる重要なポイントがあります。それは、「処罰欲求」もまた、ドーパミンを放出させる報酬のひとつに当たる、ということです。著名な科学雑誌、アメリカの『サイエンス』にこのことが詳しく掲載されていました。２００４年に発表された論文になりますが、それを初めて読んだとき大きな衝撃を受けたことを、今でも覚えています。

人が誰かを叱りたくなるとき、それは「相手が悪いことをした」と感じたときです。つまり、「叱る」という行為は、処罰欲求と無縁ではいられません。そして処罰欲求を感じたとき、人は報酬系回路が活性化されドーパミンが放出されている。さらには、人間は報酬が期待できるほど、その行動を頻繁に行うようになる傾向があります。「叱る」を本質的に理解するうえで、かなり大事な視点であるのは間違いありません。

もちろん、「処罰欲求」のすべてが悪いわけではありません。

「罰する」と表現すると少し大げさになりますが、「誰かが悪いことをしていたら、それを正そうとする」という人間の正義感があるからこそ、「社会の秩序が守られている」と考えることができます。

特に日本は、世界的に見れば規律を守り、礼儀正しい国として知られています。わかりやすい例を挙げると、『水戸黄門』や『遠山の金さん』が日本人に昔から愛されているのは、処罰欲求や正義感とは無関係ではないと思います。子どもたちが大好きな『アンパンマン』も、そのひとつだと思っていいでしょう。悪い者を懲らしめているところを見て、スカッとする。こうした感情を抱く人が、おそらく多いのではないでしょうか。問題は欲求そのものではなく、その欲求の取り扱い方にあります。これまで処罰欲求の適切な取り扱い方が注目されることはなかったように思います。ですがＩＴ技術が発展し、時間と空間を超えていつでも見知らぬ他者を非難し攻撃できるようになったこれからの時代においては、取り組むべき重要な社会課題のひとつと捉えるべきなのではないでしょうか。

大利からの問いかけ

「叱る」ことでこそ、育つ、学ぶと考えている指導者も多いのでは？

このように「叱る」に関する話をしていくと、必ずと言っていいほど「叱らないと、しつけができないと思うのですが」「多少苦しくても、叱られてこそ学ぶのでは」という質問が出てきます。私も一人息子の親なので、その気持ちはよくわかりますが、それは誤解です。

叱らなければしつけができない？

たとえば「しつけ」について考えてみましょう。

「しつけ」の本来の意味は、「社会規範を身につけること」です。挨拶、礼儀、ご飯の食べ方、目上の人への接し方、電車の乗り方……、すべてこの社会で生きていくために必要な、社会的な規範の学習と考えることができます。スポーツ指導においても、非常に多くの学ぶべき規範が存在しています。

果たしてその「学び」は、ネガティブ感情を植え付けて行動を支配しなければ、伝えられないことでしょうか？

子どもたちの指導や教育に関わる人であれば一度は、「冷静になって伝えれば良かったな。感情的になって、叱り過ぎてしまったな」という経験をしていると思います。その根本にあるのは、前述した「処罰欲求」です。「人間にはそういう感情があるのだ」と知っておくだけでも、叱りたくなる感情との付き合い方を変えられるかもしれません。

本当に必要な「社会規範」であるかを考える

それを理解したうえで重要なことは、「しつけの多くは、その人にとっての常識の押しつけ」という観点です。自分の経験の中で学び得たことで、決して、「人類共通のしつけ」とは言えないことが多いと思います。子どもたちが社会に出たときに、本当に必要な規範であるのかどうか。じつは、「そんなに厳しくしつける必要がなかったのかも」という例もあるかもしれません。変化の激しいこれからの時代においては、なおさらです。

自分自身が考える〝規範〟の幅が狭ければ狭いほど、そのレールからはみ出たときに、それが「規律違反」だと感じることが多くなるでしょう。そして脳内にドーパミンが分泌されて、処罰欲求がめらめらと湧き出てきます。こうなると、人間の意志の力だけではなかなかブレーキをかけられません。

スポーツ現場での例を出すと、監督が行うミーティングの話を、紙のメモ帳ではなく、スマホにメモする野球部があるという記事を読んだことがあります。私の最初の感想は「そんなことが記事になるのか」という驚きでした。裏を返すと、スマホでメモを取ることを「けしからん！」と思う人が多いから記事になるのでしょう。

そもそも何のためにメモを取るのでしょうか。ここでもっとも大事な目的は、「話の内容を理解をして、自分の意識や行動に落とし込む」です。それができれば、本来はどんな状態で聞いていても構わないと思います。もっと言えば、文字を書くことが苦手で、スマホのほうがしっかり話を聞ける子どもたちがいることを忘れてはいけません。

最近は、会社の打ち合わせでも、パソコンを手元に置いて、話を聞きながらキーボードを打ち込むことに違和感を持たなくなってきています。むしろ、ノートにメモしている人のほうが少数派かもしれません。スポーツ指導の分野においても、認識のアップデートが求められているのではないでしょうか。

「しつけ」から少し話が逸れましたが、指導者自身が幅広い視野、思考を持つことが重要であるのは間違いのないことです。

大利からの問いかけ

なぜこんなに「叱れば人は育つ」と考える指導者が多いのか？

指導者はなぜ叱る指導が必要だと思うのか――。スポーツ指導のこれからを考えるうえで、とても大切な問いですね。

ここまでは、「叱る」について生来的に持つ処罰欲求や脳の仕組みから、その理由を解説してきましたが、今度は別の視点から紐解いていきます。

スポーツ界の「苦痛神話」

それは、「叱ったほうが人は育つ」という、人間の「思い込み」や「幻想」からくるものです。「人は苦痛を与えられることで強くなっていく、人が成長するためには苦しみを乗り越えなければいけない」という考え方を、私は「苦痛神話」と呼んでいます（苦痛神話が幻想であることの根拠は、2章で詳しく説明します）。

「苦痛神話」はとても根強くて、「厳しく接するからこそ、人は成長していく」「叱責すれば反省して、成長につながっていく」という前提で、「甘やかしてはいけない」と思う親や指導者が多いのが現状です。

特にスポーツの世界では、そう考えている指導者が一定数いるのではないでしょうか。「苦痛神話」を信じる指導者は、あえて厳しい試練を与え、それを乗り越えることによって精神的に強くなってほしいと願うようになります。また、「叱られたことがない人は、打たれ弱い人間になってしまう」と考える人も多いでしょう。

この考え方が本書のテーマである「叱る指導」の根拠となり、度が過ぎると「体罰」につながっていくのは、みなさんも想像がつくはずです。

子どもたちが常に右肩上がりに伸びていくことなど、ありえません。成長の過程の中でどこかで壁にぶつかることがあるでしょう。けれども、第三者が意図的に与える苦痛に、はたしてどれほどの効果があるのでしょうか、本当に必要なことは何かを慎重に考えなくてはいけません。

「楽しむ」ことの価値を見直す

私自身は、「スポーツを楽しむ」ことこそが、人がもっとも育ち、学ぶことにつながるのではないかと考えています。〝快〟だけでスクスクと伸びていくことができるのなら、それが一番の理想だと思いませんか。「苦手なこと、苦しいことに向き合って克服しなければ、人は成長しない」という考え自体が、大人の思い込みに過ぎないのです。

そして、本人が心の底から楽しんでいれば、多少困難なことにぶち当たったとしても、それを「苦痛」だとは捉えず、前向きに壁を乗り越えようとするでしょう。大切なことは、他者から与えられる理不尽な「苦痛」ではなく、自分のやりたいことの先にある困難と向き合うことです。そういった体験こそが成長につながるのです。

私の想像ではありますが、MLBの大谷翔平選手や将棋の藤井聡太選手らは、競技自体を楽しんで、好きなことをずっと続け、やりたいことをとことんまで突き詰めた先に、今の活躍があるように思います。2人の言動や振る舞いを見ていると、「苦痛」という言葉すら浮かんできません。

ついつい信じてしまう「苦痛神話」を、一度手放してみてはどうでしょうか。

人の成長を「筋肉」ではなく「植物」のように考える

ここで知っておいてほしいのは、「苦痛神話」を信じている人は、「人間の成長を筋肉のように考えている」場合が多いことです。「マッスルモデル」と名付けるとわかりやすいでしょうか。筋肉と同じように強い負荷をかければかけるほど、心も強くなっていくと思い込んでいる。

このイメージは指導者だけでなく、選手の中にも根深いかもしれません。中には、「私は厳しい指導のおかげで強くなれた」と思っている人もいると思いますが、自分がそうだからといってその方法がもっとも良いと考えるべきではありません。一握りの「成功例」の陰には、理不尽な苦痛に耐えきれずに、心が折れてしまった人たちが多くいるからです。

私が提案したいのは、人の成長を〝マッスルモデル〟ではなく、〝プラントモデル〟で考える発想です。「プラント＝植物」です。植物にうまく成長してほしいなら、土を耕して、水をあげ、芽が育ちやすい環境を作ります。だれも種そのものに働きかけませんし、まして苦痛を与えようとはしません。でも、どれだけ環境を整えても、芽が育つかはわかりません。時にはジッと我慢して、待つことも必要になってきます。

「勝利」という結果がイチ早くほしい指導者は、どうしても、「マッスルモデル」をイメージして、短期的な変化や成長を望んでしまうように感じます。子どもたちよりも経験が豊富な分、どうすればいいかがわかってしまうのです。だから「あれをやりなさい、これをやりなさい」と、方法論まで具体的に伝えて、自分の思い通りにコントロールしたがる傾向にあります。筋肉を鍛えるときのように、やるべきことを明確にして負荷をかけ、それを反復することで強くなると考えているのです。しかしながらそのやり方では、子どもたちが自分で考え自ら工夫する余地が少なく、また「楽しい」という感情も軽視されがちになるでしょう。そして指導者の思い通りにいかないと、強く「処罰欲求」が刺激され、叱らずにはいられなくなるのです。

「あるべき姿」を手放してみる

誰かを叱っているときの、自身の心の中をイメージしてみてください。

多くの場合、自分が信じる規範やルール、常識から逸脱した行動を目にしたときに、「何をやっているのよ!」という感情が生まれてくるものです。わかりやすく言えば、自分が正しいと信じる「あるべき姿」の話。この「あるべき姿」と「処罰欲求」は密接にリンクしているため、他者の行動を許せなくなってしまうわけです。

みなさんに考えていただきたいのは、しつけの項目でも述べましたが、その「あるべき姿」が本当に妥当で、子どもたちにとって必要なものなのかどうかです。私の経験上、「こうでなければいけない」という想いが強すぎる人ほど、〈叱る依存〉に陥りやすいように思います。

人間の脳は非常に多様で複雑なので、全員に効果的な方法など存在しません。私たちが見ている世界の姿や感じ方は、一人ひとり違うものだからです。そもそもひとつの方法や考えだけで人を育てようとすること自体に、無理があるのです。そのことと私たちは向き合わなければなりません。

そこに考えを巡らせることができれば、「あるべき姿」に対する考え方も変わっていくと思います。「あるべき姿」、つまり自分の中にある「普通」「常識」「当たり前」

を疑ってみることが、「叱る」を手放す第一歩です。このあたりは、本書の後半でさらに詳しく触れていきます。

厳しさとは「要求水準が高いこと」「妥協しないこと」

こうした話をしていくと、「そんなに甘い指導、緩い指導では結果を出せない。もっと厳しい指導が必要だ」という意見が必ず出てきます。

では、みなさんが考える「厳しい指導」とは何でしょうか？

人それぞれの定義があっていいとは思いますが、決して、罵声を飛ばしたり、手をあげたりすることが厳しい指導ではないはずです。それは、厳しさではなく、単に「理不尽な」指導です。

本来の「厳しい」指導とは、目指すべき要求水準を高く設定したうえで、妥協せずに取り組ませることではないでしょうか。そして、要求水準に達するまでの方法論は、選手たちが試行錯誤して導き出していく。ある意味、選手に任せた指導こそが、もっとも厳しい指導だと私は思います。

たとえば、スポーツ指導からは一度離れて、小学生が社会科見学に行くことを考えてみてください。学校側に集合時間から行程まで細かく決められていて、「こんなお寺、見たくないよ」とブツブツ言いながらも、決められた中で行動するのは、楽しくはないですがじつはとても楽なことです。自分では何も考える必要がありませんし、他者との対話も必要ありません。

一方で、「目的は歴史的な建造物に込められた想いを学ぶこと。これだけの時間と予算の中でどこに行きたいか考えて」と、生徒たちに求める社会科見学はどうでしょうか。子どもたちにとってはとても大変で、面倒くさいと思います。グループの中で、意見が分かれて話し合わなければいけない場合もあるでしょう。本来は、子どもたちに任せるやり方のほうが高い要求を求める「厳しい」指導です。そして同時にそれは「楽しい」指導でもあります。「楽しい」と「厳しい」は矛盾しません。両方がそろった指導こそが、良い指導なのではないでしょうか。

特別対談

村中直人、スポーツ現場へ　指導者に会いに行く　その1

須江航

仙台育英学園高等学校教諭　硬式野球部監督

叱るに効果なし
その気持ちや言葉は選手へ伝わらない

村中の書いた『〈叱る依存〉がとまらない』の内容を講演会で紹介していただいているという縁がきっかけで、2022年夏の甲子園を制した仙台育英の須江航監督との対談が実現。須江監督とともに旧態依然とした叱る指導の問題点を考えてみたい。

プロフィール

すえわたる 1983年4月9日生まれ、埼玉県鳩山町出身。小中学校では主将、遊撃手。仙台育英では2年秋からグラウンドマネージャーを務めた。3年時には春夏連続で記録員として甲子園に出場しセンバツは準優勝。八戸大では1、2年時はマネージャー、3、4年時は学生コーチを経験。卒業後、2006年に仙台育英秀光中等教育学校の野球部監督に就任。公式戦未勝利のチームから5年後の2010年に東北大会優勝を果たし全国大会に初出場した。2014年には全国中学校体育大会で優勝、日本一に。中学野球の指導者として実績を残し、2018年より現職。19年夏、21年春にベスト8。就任から5年後の22年夏。108年の高校野球の歴史で東北勢初の優勝を飾った。

対談のきっかけはXのポスト

須江　仙台までわざわざお越しいただき、ありがとうございます

村中　こちらこそ、お忙しい中ありがとうございます。私の知り合いが須江先生の講演会に出席していたのですが、そこで『〈叱る依存〉がとまらない』の内容を引用されていると聞き、ぜひともお会いしたいと思っていました。

――村中先生のXでのポスト（2023年8月29日投稿／今や時の人である仙台育英高校の須江航監督が、ご自身の講演会で拙著『〈叱る依存〉がとまらない』を引用していただいているとの情報を得ました。スポーツの世界にも新しい風がどんどん吹いてきましたね。いつか須江監督と対談できたらいいなあ。じっくりお話をお伺いしたいです）**を見て、すぐにお二人に連絡を取らせてもらいました。対談をセッティングすることができ、嬉しいです。どんな対談になるか、私も楽しみにしています。**

須江　野球はお好きなんですか？

村中　大阪人なので、タイガースファンです。ドラフト3位指名・山田脩也選手のこ

れからの活躍がとても楽しみです。高校野球は甲子園に観に行くほどではないですが、ニュースではよく見ています。報道での知識しかありませんが、2023年の夏は仙台育英と慶應義塾の決勝が実現したらいいなとずっと願っていて、自主性を重んじる2校の決勝になれば、高校野球に吹く風が変わるんじゃないかと思っていました。

――須江先生にはどのような印象をお持ちでしたか。

村中　「言葉」を上手に使われる指導者だと感じていました。『青春は密』『人生は敗者復活戦』など、パワーワードを持っていらっしゃいますよね。

「怒る」も「叱る」も同じこと

――須江先生は、講演会では村中先生の著書のどのあたりを引用しているのでしょうか。

須江　「〝怒る〟と〝叱る〟の違い」をよく使わせてもらっています。指導者の立場からしても、一緒なんですよね。村中先生の説明にある通り、**どちらにしてもネガティ**

ブ感情を植え付けて、相手をコントロールしようとする。その場では問題を解決できたとしても、日が経てば、また同じような行動を繰り返す。だから、怒っても叱っても、根本的な解決にはつながっていないんですよね。じつは自分が中学生のときに、指導者から「おれは怒っているんじゃない。叱っているんだ!」ときつく言われたことがあるんですけど、「え、何が違うの?」と思ったことを覚えています。

村中　今日、初めて仙台育英の練習を見させてもらいましたが、選手が自ら黙々と取り組んでいて指導者からの怒声が飛ぶようなイメージがまったく湧きませんでした。

須江　**大きな声で怒っても、ほとんど意味がないと思っています**から。事例のひとつとして、選手にこんな話をしたことがありました。「夏の大会前、同じミスを繰り返しているチームに対して、監督であるぼくが『何回同じことをやってんだ。そんなことで勝てると思っているのか!』と怒ったとする。きみたちは従順で素直だから、きっと『ハイ、わかりました』と返事をするよね。監督からすると、怒ったことでピリッとした緊張感が生まれて、いい練習になってきたなと思うことがあるもの。その流れで、県大会で優勝したとしよう。インタビュアーから『チーム作りにおいて、どこがターニングポイントだったと思いますか?』と聞かれたときに、『夏の大会前に空気が緩いときがあって、そこで一喝したところ、チームが変わりました』と語ったとする。そこで成功体験を得た監督が、甲子園に入る前にもう一度緩みそうな空気を怒声で締める。きみたちはどう？　しらけない？　怒られたことでモチベーションが上がったり、集中力が高まったりするものだと思う？」。ほぼ、全員がクビを横に振りますよね。自分自身の学生時代を思い起こしてみれば、多くの人が実感できる話だと思います。

村中　怒ることによって、（一見すると）物事がうまく進んだ経験は、多くの権力者がまた使いたくなる手法です。**自ら歯止めをかけている指導者は、なかなかいない**ように思います。

須江　でも、実際には怒ったり、叱ったりすることもゼロではありません。プレーや取り組みに対して、語気を強めにして伝えることもあります。選手には前もって、「指導者とコミュニケーションにズレを感じているのであれば、どんな方法でもいいので伝えてほしい。こちらとしては、太陽が落ちる前に改めて説明したいし、謝りたいと思っているから」と話しています。

村中　実際に言ってくる選手はいますか？

須江　はい、言ってくる選手もいますし、その後の1対1の面談で、「あのときの言葉の意味がうまく理解できなくて……」と聞いてくる選手もいます。

――完全なるトップダウンの組織だと、その質問もなかなか出てこないでしょうね。

須江　あとは、村中先生の著書を読ませてもらってからですが、強めにネガティブ感情を植え付けてしまったときには、しっかりと記録するようになりました。いつ、誰に対して、どんなことを言ったのか。こちらとしては、丁寧に説明をしたつもりでも、選手からすると「監督に怒られた」という感情だけが残ることもあります。それは、その後の選手のふるまいを見ているとわかることなので、より注意深くケアするようにしています。

叱ることの意味を年々感じなくなっている

――選手を育てていくうえで、叱ることに意味はありませんか？

須江　正直言って、選手たちを叱る意味を年々感じなくなってきています。こちらが叱ったところで、その気持ちや言葉が選手には伝わっていないんですよね。**「叱られ**

たことで目が覚めました。ありがとうございます！」ということはまずありません。言葉が刺さらない。何かが大きく改善することはほぼない。だからこそ、丁寧に説明することをより強く意識しています。

――その理由はどこにあると感じますか。

須江　ぼくが嫌われているのかもしれませんが（笑）、心の扉を閉ざすのが早くなっている気がします。以前は、10秒や15秒は扉が開いていた気がしますが、今は叱られたり、怒られたりしそうになると、数秒でシャッターを閉じる。だからといって、仙台育英の生徒が素直さに欠けるわけでも、人の話を聞けないわけでもないんです。

村中　興味深い話ですね。素直で人の話を聞ける生徒が、「叱る」という行為に対してはすぐにシャッターを閉じる。そもそも、「叱る」にはその時その場の行動を変える効果しかないものですが、それが近年より顕著になっているということでしょうし、**生徒たちが叱られることにしらけてしまっているの**かなとも思います。

――スポーツ指導の現場を見ていると、すでに終わったプレーに対して、試合中に叱っている光景を目にします。

村中　もう終わっていることであり、過去のことです。**「叱る」というコミュニケー**

ションに意味はないと考えたほうがいいでしょう。

須江　私も、公式戦で怒ることはまずないですね。

義務教育における自由度の少なさ

——さきほどの「シャッターが早く閉じる」という須江監督の話に関して、何か考えられる要因はありますか。

村中　叱られたときの反応で多いのは「戦う」か「逃げるか」。シャッターが開いている間は戦っていて、自分の言い分を相手にわからせようとしている。でも、閉じているということはもう逃げているのかもしれませんね。ファイトする気力が残っていない。たいていの子は、「叱られているこの場を早く終わらせたい」としか思っていません。苦痛を感じないために、心を閉ざして、自らの感情にフタをしていると言ってもいいでしょう。

——自分の主張を口にするよりも、黙っていたほうがいいという思考ですね。

村中　では、その思考がどこから始まっているかとなると、教育現場における〝自由

度の少なさ"が密接に関わっていると推測しています。具体的に言えば、「自分で選択する機会がとても少ない」。教員や指導者が、「この方法でこれをいつまでにやってください」と方法論と目標をセットで教えることによって、子どもたち自身が自己決定する場が失われます。そして、縛られたルールからはみ出る子どもは叱られてしまう。こうなると、子どもたちの心に残るのは「圧倒的な無力感」。**自分で物事を決められず、変えることもできず、相手（権力者）の言うとおりのことをしなければ評価されない。だから、戦おうとは思わない**んですよね。外から見たときには、「我慢強く、先生や指導者の言うことを素直に聞く子」と見られるかもしれませんが、内面は決してそうではないのです。ただ、あきらめているだけです。

自分で選ぶことに慣れている世代

須江　今の子どもたちは、生まれたときから「自分で選ぶことに慣れている世代」だと感じています。スマホがあり、ユーチューブがあり、自分で見たいこと調べたことを選ぶがことができる。そうやって育ってきているので、誰かに何かをやらされることへの耐性はかなり低いと感じます。それこそ、私が子どものときは、父親にテレビ番組の決定権があり、いつも『暴れん坊将軍』や『大岡越前』が流れていた記憶があります。でも、今はそういう家庭は圧倒的に少ないはずです。

――スマホやパソコンがあれば、見たい番組を自分で選ぶことができる。

須江　こうした背景が関係していると思いますが、自分が興味を持っていることにはとことん追求していく生徒が多い。ひとつの分野に、〝尖っている〟と言えばいいでしょうか。たとえば、「興味関心があることに関して、パワーポイントでプレゼン資料を作成する」という課題を出すと、大人が驚くような素晴らしい資料を作ってきます。一方で、興味関心がないことに対しては、こちらが丁寧に説明して、それに取り組む意味を伝えていかなければ、なかなか気持ちが向いていかない傾向にあります。

村中　なるほど、今のお話も面白いですね。仙台育英高の生徒に関しては、さきほどの私の仮説が外れていて、むしろ「自己決定」の感覚が育まれているからシャッターが閉じるのが早い。そう考えると**「自由度の少ない環境」と、須江先生がお話された「選ぶことを認められてきた環境」の二極化が進んでいる**のはたしかなように思います。その中間層が少ない。私は教育改革に携わる方と接する機会が増えていますが、公教育における格差の広がりを感じています。子どもの自己決定を尊重してきた家庭からすると、それを認めてくれない学校に入学させるのは迷いがあるもの。自己決定を尊重し、主体性を育んでくれる学校を選ぶのは当然の考えです。

須江　仙台育英の場合は、練習にかなりの自由度があります。全員が同じようにやるメニューに加えて、個々の長所や短所と向き合うメニューを彼ら自身が選べる環境にしています。ただ、入学してすぐに自分に適したメニューを組み立てるのは難しいので、指導者と定期的に面談をして、「どういう方向に進めば、自分の良さが生きるか」を考える時間をしっかりと設けるようにしています。

村中　**自分で物事を決めていこうとすると、必然的に「やりたい」「欲しい」を基準にします**よね。そういった感情の基盤となっている脳の部位がドーパミンを放出する「報酬系回路」です。ドーパミンは期待や欲求という形で人に快感情をもたらし、行動を引き起こす働きをしていると考えられています。私はわかりやすく、この状態を「冒険モード」と呼んでいて、「自分で決めた」「自分でしている」という感覚を持ったうえで、ワクワクしながら試行錯誤している状態です。

子どもの頃から自己決定できる環境が大切

――村中先生から「冒険モード」というキーワードが挙がりましたが、指導者からやらされているだけの環境では、前向きに取り組むことは難しいと推測できます。

村中　須江先生の言葉に、「特定の分野に尖っている生徒が多い」とありましたが、それはものすごく大事なことだと思います。自分が好きなことをとことん追求した先に、大谷翔平さんや藤井聡太さんのような、トップランナーが育つのだと思います。その前提として、子どもの頃から自己決定ができる環境があったからではないでしょうか。やらされるだけの環境では、その世界のトップに上り詰めるのは難しいと思います。もちろん、トップを目指さなくても自己決定が大切なのは同じです。

――逆に言えば、ある程度のレベルまでは到達できると。

村中　陸上のハードルで活躍された為末大さんがお話されていたことですが、叱る指導や厳しくやらせる指導でも、中学、高校くらいまでは何とか頑張れる。でも、そこから全国のトップになり、オリンピックに出場するところまで行くのは難しいと。私も同感です。**ネガティブ感情でコントロールされているうちは、自ら考えて、主体的に動く力が育まれません。**本当にトップを目指すのなら、自己決定を尊重してもらえる環境が必要だと思います。今の教育の中では、自己決定を尊重する教育はまだマイノリティで、大人の指示によって学ぶ環境がマジョリティで圧倒的に多い。私が生きている間に、マイノリティとマジョリティを逆転させたいというのが、目標のひとつでもあります。

須江　同じようなことは、小学校、中学校の野球にも言えるかもしれません。ある程度強制的な指導を受けて、細かい戦術を徹底的に叩きこまれたほうが、その世代では結果につながりやすい。ただ、指導者からの指示を待つことに慣れてしまうと、自分で練習を組み立てる思考力がなかなか身に付いてきません。

「冒険モード」に入れば自ら高みを目指す

――須江先生は、中学生を受け入れる側になりますが、選手の思考力もかなり観察しているそうですね。

須江　仙台育英では、**自分の現在地を客観的に捉え、何をするべきかを判断できる思考力を求めています。**その土台が育まれている環境なのか、意識的によく見るようにしています。

村中　**自分で考えて自分で判断することを求めることが、もっとも〝厳しい指導〟と言えますよ**ね。叱られながらも、指導者の指示に従うスタイルのほうが、やるべきことが明確になるので迷わなくていい。ただし、その教えだけでは、本当に優れたアスリートは育たないでしょう。

――興味関心があることに突き進もうとすると、「好きなことにしか取り組まない」となりそうな気もするのですが、そのあたりはいかがでしょうか。

村中　たとえば、ロールプレイングゲームでお姫様を助けたいというミッションがあるとすれば、地道にレベルを上げて、戦えるために武器を手に入れて、ミッション達成のために試行錯誤していくはずです。スポーツの世界でも同じであって、「冒険モード」に入った選手は、目標を叶えるために自ら必要なことを学び始めます。その過程の中で、苦手なことに取り組む必要性もきっと出てくるはずです。

――なるほど。「メジャーリーグで活躍したいから、英語を学ぶ」という考えにもつ

ながりますね。

村中　競技かるたを描いた漫画『ちはやふる』に、私が好きな名言があります。「好きなことを思い切りやるために、好きじゃないことも思い切りやるんだ」。勉強にしても、物理を究めたければ、数学や英語の知識は必要。どんな分野であっても、高みを目指すためには裾野を広げる必要があるのです。仮に、ひとつの分野に尖っている学生がいたら、「もっと先に行きたければ、そこで満足せずに他分野も学ぶといいよ」という声掛けが効果的だと思います。一歩一歩ステージを上がることで、自分に必要な学びが見えてくるはずです。

「冒険モード」にオンはないがオフはある

――指導者が、「冒険モード」のスイッチを入れるとしたら、何を考えたらいいのでしょうか。

村中　残念ながら、「冒険モード」をオンにするスイッチは存在しないようです。もともと、赤ちゃんの頃を思えば、人間はみんな好奇心の塊です。つまりみんな「冒険モード」から人生が始まるのですが、多くの場合、どこかの時点でこのモードがオフになってしまう。今わかっていることは、**「冒険モード」のオンスイッチはないが、オフスイッチはある、**ということです。種を植えた土に塩を撒いたら、芽は出てこないように、指導者や親の言葉などによってオフにすることは簡単なんです。

須江　指導者の立場から考えると、その芽を消してしまう瞬間はわかりますね。言葉やふるまいで、「今は自分の指導が悪かったな」と感じることが若い頃にはありました。

——一度、「冒険モード」がオフになった子どもが、高校生になってからスイッチが入ることはあるのでしょうか。

村中　教育者の工藤勇一先生が「リハビリ期間が必要」と語っていますが、ある程度の時間は必要になります。

須江　仙台育英の野球部に入り、1年生の最初のうちは「何をやっていいかわからない」と不安げだった選手が、うちのスタイルで自己決定できるようになったことで、すくすく伸びていく事例はあります。「リハビリ期間」という言葉が適切かはわかりませんが、**指導者からの目を気にするところから解放して、自己決定を尊重している**

ことが、良い方向につながっているのだと思います。

村中　子どもたちは、良くも悪くも順応性があり、適応力を持っています。主体的に動くのが当たり前の環境に入れば、そこに順応していこうとする。その逆もしかりです。大人の指示を守らないと罵声が飛ぶような場にいれば、そこに順応しようとして学習します。だからこそ、指導者としては「場の設定」が重要になるのです。

人の成長は「マッスルモデル」ではなく「プラントモデル」

――スポーツの現場では、「厳しく怒ることによって、選手のメンタルが鍛えられる」という考えを耳にします。

村中　それは、あり得なくはないかもしれませんが、多くの場合でそうはならないでしょう。「苦痛神話（人は苦痛を与えられることで強くなる）」を信じている。それを信じている人たちは、人間の成長を筋肉のように考えているのではないでしょうか。鍛えれば鍛えるほど、強くなっていく。この考えを、私は「マッスルモデル」（筋肉モデル）と呼んでいます。言うまでもなく、人の心や思考は、物理的な筋肉とは異なるものです。指導者のみなさんに理解してほしいのは、多くの場合で人は「マッスルモデル」ではなく、「プラントモデル」（植物モデル）で育っていくということです。

――非常に興味深い考えですね。

村中　土を耕して、水をあげて、芽が育ちやすい環境をつくることで、植物は生長していきます。でも、環境をどれだけ整えても、芽が育つかはわかりませんよね。じっと我慢して、待つことが必要。**「マッスルモデル」は短期的には結果が出るかもしれませんが、中長期的な成功を望むのであれば、「プラントモデル」の考えが必要であり、指導者には成長を待つ時間が求められます。**「マッスルモデル」の注意すべき点は、短期的な成功体験を得ることで、指導する側の自己肯定感が増してしまうことです。それが叱ることで為された場合、叱る側のニーズをより満たし、それがエスカレートすることで、〈叱る依存〉につながることが考えられます。

――「成長を待つ」がキーワードですね。

村中　さきほども言ったとおり、「冒険モード」にオンスイッチはありませんが、オフスイッチはあります。指導者や権力者の言葉や態度によって、スイッチを切ってしまう。

——オフになった「冒険モード」を、指導者がもう一度復活させるためにできることはありますか。

村中　とにかく、**子どもたちの試行錯誤の邪魔をしない**ことです。ついつい、指導者は教えたがってしまうのですが……。本来、人間は生まれながらに好奇心の塊ですから、それを忘れないでください。**「冒険モード」に入っていれば、子どものほうから「ここがわからないので教えてください」と聞いてくる**ものです。

目標と方法論をセットにして伝えない

——須江先生は、選手の主体性を重視し、自己決定を尊重する指導方針を取っています。

須江　仙台育英を希望してくれる生徒がいた場合、保護者の方には「うちの野球部は自分で考えて行動できる習慣を持っていなければ、合わないかもしれません」という話をさせてもらっています。たとえばですが、家庭の中で「お風呂に入りなさい」「洗濯物を出しなさい」「宿題をやりなさい」と、親御さんが「〜しなさい」と言っていませんか？　自分のことは自分でやる習慣を持った生徒のほうが、仙台育英のスタイルには合っています。

村中　どんな選手を求めているのか、そこまで徹底されておられるのですね。

須江　高校生を見ていると、誰かの指示でやらされている選手は習熟のペースが遅いと感じます。**主体的に、自分でやるべきことを理解して、自分の意志で取り組んでいる選手は、習熟が早い。**仮に、両者が同じ技量であるのなら、主体的に取り組む選手のほうが、成長していきます。

村中　なぜ、成長が早いかは理屈で説明することができます。指導者や教員が、「こうやってやりなさい」と指示するときは、目的と方法がセットになっていることがほとんどです。たとえば、小学生の九九の勉強をイメージするとわかりやすいですが、「テストで合格するために、九九を何度も覚えて唱えましょう」と教わります。目的と方法がセットになっていますよね。そうなると、自分自身で試行錯誤して、工夫する余地がほとんど残されていません。トライ&エラーができない。これによって何が起きるというと、「九九を唱えて覚えることができない子どもは、算数が苦手か記憶力が悪い」と思われることです。そうではなく、そのやり方が合っていないだけかもしれないのです。仙台育英の場合は目標となる数字の到達点がありながらも、そこに至るまでの方法論は多種多様にあり、自分で組み立てることができる。これは、自ら成長していくうえで非常にうまいやり方だと感じます。

人間の脳神経は多様で複雑なもの

――方法論までセットにされると、「ほかのやり方もある」という思考になかなかならないと。

村中　そういうことです。たとえば、九九を何度も書いて覚えたり、九九表を見て覚えるやり方があっている子もいるわけです。教員や指導者は、「こんなやり方もあるけど、試してごらん」と複数の選択肢を提示してみる。それだけで救われる子は必ず出てきます。私は、ニューロダイバーシティ（Neuro「脳・神経」とDiversity「多様性」という2つの言葉が組み合わされて生まれた、「脳や神経、それに由来する個人レベルでの様々な特性の違いを多様性と捉えて相互に尊重し、それらの違いを社会の中で活かしていこう」という考え方／拙著『ニューロダイバーシティの教科書』より）が専門なのですが、その視点から考えると、人によって合う方法と合わない方法があって当然なんです。自分には合わない方法で、ずっと努力して頑張っても、成績は上がらないし考える力も身につきません。

——決して、「勉強ができない」というわけではないと。

村中　はい。みなさんが思っている以上に、人間の脳は多様的で複雑なものなので、簡単に「できる」とか「できない」などとは言えないんです。たとえば、昔から「早寝早起きの生活リズムが大事」と言われていますが、体質的に合わない人間が一定数います。脳のクロノタイプ（体内時計のタイプ）から、朝型、中間型、夜型に分かれることが研究結果としてわかっています。「早寝早起き」は朝型の脳には適していますが、夜型の人には合っていない。でも、学校は超朝型社会で、8時過ぎには登校していなければいけないわけです。夜型のクロノタイプの子どもたちにとっては、しんどくて当たり前です。9時か10時に登校できるようになるだけで、パフォーマンスが大きく変わる子どもは少なくないでしょう。今の社会ではなかなか認められないというか、そもそも、そういう発想自体がまだないのが現状です。

——当たり前ですが、「みんなが同じようにできる」とは限らないと。

村中　**脳のタイプに合わない生活リズムを強いられるのは、苦痛でしかありません。**

その結果、周りの子に比べてパフォーマンスが落ちるため、学業の成績も上がっていかない。「自分は勉強ができない」と思うことで、自己肯定感が下がるだけでなく、周りから「怠惰な子」というレッテルを貼られることもあるわけです。授業中に寝てしまうことも考えられる。これは、ソーシャル・ジェットラグ（社会的時差ボケ）とも呼ばれていて、無理を強いられることで、常に時差ボケのような生活を送らざるをえないことを指しています。

厳しさとは妥協しないこと、要求水準を下げないこと

須江　今のお話から感じたのは、「**こうしたことを理解していくと、叱ることや怒ることの意味合いはどんどん減っていく**」ということです。方法論が合っていない選手に、「何でできないんだ！」と怒ってもしょうがないですよね。目の前にいる選手一人ひとりの個性や特徴は違うわけで、全員が同じ練習をする意味はほとんどありません。

村中　こういうお話をすると、「緩い指導」「甘い指導」と勘違いされる方がいるので

すが、まったく違います。ひとつ大事にしてほしいのは、「**厳しさとは、妥協しないことと、要求水準が高いこと**」という考えです。方法の多様性を尊重しているだけで、決して要求水準を下げているわけではありません。

須江　非常に納得できる考えです。うちのシステムは、ある意味では選手にとって厳しいハードルだと思います。自分でやらないといけないですからね。

村中　発達障害の子どもが集団生活を送るときに、受け入れる側は「合理的配慮の提供」（障害のある子どもが平等に教育を受ける権利を享有するために、学校が必要な変更や調整を行うこと）が法律で義務付けられています。ただ、学校現場ではそれがなかなか理解されないことが多く、その原因のひとつとして考えられるのが、「要求水準を下げること」と安易に結びつけてしまうからです。言葉を選ばずに言えば、「かわいそうな子だから、求める水準を下げる。特別扱いする必要がある」という発想です。もちろんそれも合理的配慮のひとつではあるのですが、「要求水準は変えずに、そこに至るまでの方法論の選択肢を豊かにする」ことも重要な合理的配慮です。**要求水準と方法論は分けて考えることが重要で、要求水準を下げる対応は最終的な手段**だと考えるべきだと私は思っています。

須江　本当によくわかります。うちもメンバーに入るための基準を設けて、そこに達するまでのやり方は工夫できる余地をだいぶ残しています。仮に方法論がわからなければ、指導者にアドバイスを求めて構わない。できる限り、方法論の幅を増やすようにしています。

村中　その考えがベースにあれば、怒声を飛ばす必要がなくなるんですよね。指導者が激しく怒ると、どうしても指導者側のコントロールが強くなるので、選手側の意志決定の自由度が狭まることになる。須江先生のような考えを持った指導者が、これから増えてほしいですね。

須江　ありがとうございます。

村中　貴重なお時間をありがとうございました。今後のさらなるご活躍を願っております。

第2章

叱ることで人の心は育つのか

大利からの問いかけ

叱られる側には、どんな影響があるのか？

「叱る」について、「正しい叱り方」や「叱らないためにできること」など、叱る側に関することは多く語られますが、「叱られる側」について語られることはあまりなかったように思います。本書でも第1章では「叱る側」に焦点を当てて、叱る側の心理や脳で起きていることについてお話ししてきました。ここからは「叱られる側」に視点を変えていきたいと思います。

叱られる側の内面で起きていることを知れば、叱る指導の限界や問題を感じることができるはずです。

叱られても主体的に学べるようにはならない

人間誰でも、叱られた経験を持っているのではないでしょうか。

親から、上司から、先生から、先輩から……、そのときの心理状態を思い出してみてください。「嬉しかった」「やる気が出た」とポジティブに捉えられた人がどのぐらいいるでしょうか。「叱られてありがたかった」と言う人は少なからずいますが、それらは後から振り返ってそう思っている場合が多いでしょう。叱られているその瞬間に、ポジティブな気持ちや状態になれる人はまずいません。

私は臨床心理士として、お母さんやお父さん、あるいは先生から叱られる子どもの姿を数えきれないほど目に(耳に)してきました。たとえば、宿題がしっかりとできていないこと、同じような問題で間違いを繰り返すことなど、周りの子ができていると余計に比較をされて、叱られる回数が増えます。

でも、きつく叱られたからといって、自ら継続的に宿題を出せるようになったり、スラスラと問題を解けるようになったりすることはほぼありません。

読者のみなさんも、子どもの頃を振り返って、親から「ゲームばっかりやっていないで宿題をやりなさい！」と叱られたときのことを思えば、想像はつくと思います。叱られた直後は姿勢を正して取り組むかもしれませんが、決して長続きするわけではないですよね。親が買い物に出かけたタイミングを見て、またゲームを始めてしまうかもしれません。

なぜ、叱られても人は学ばないのでしょうか。

先に、結論からお話しすると、「叱られることによって、人は物事を深く考えたり、主体的に学んだりするモードにはならない」からです。「ならない」というよりむしろ、「学びのモード」が邪魔されてしまいます。脳の仕組みから「なぜ、そう言い切れるのか？」を解説していきます。

ストレスを感じると働く脳の「防御システム」

すでにお伝えしていますが、「叱る」という行為は叱られる側に発生するネガティブ感情が重要な役割を果たしています。「イヤだ」「辛い」「怖い」「腹が立つ」……、うまく言葉で表現できなくても、ひどく叱られたときには何らかの強い感情を体験することでしょう。

ネガティブな感情を体験し強いストレスを感じたとき、人の脳内では「扁桃体」（アーモンドに形が似ているため名付けられた／ネガティブ感情反応におけるもっとも重要な部位）と呼ばれる小さな部位が、反応し活性化することが研究の結果からわかっています。

神経科学者のルドゥー博士は著書の中で、扁桃体を中心とした脳の神経回路を「防御（ディフェンス）システム」と名付け「危険を察知し、危険な状況を脱して生き延びる確率を、もっとも有利な方法を用いて、最大にするような反応を引き起こすためのもの」と記しています。

さらに付け加えると、近年の研究では、扁桃体を中心とする回路が活性化する状況に陥ると、知性や理性に重要な役割を果たしている脳の「前頭前野」の活動が大きく低下することもわかっています。つまり、叱られているときはその人の思考力が低下するということです。多くの指導者や保護者のみなさんが叱ったときに望む、「自分のしたことをしっかり反省して、今後のふるまいを考える」という状態から遠ざかることになるのです。

行動を早くする、「戦う」か「逃げる」かモード

では、「生き延びる確率を高めるもっとも有利な方法」とは具体的に何を表しているのでしょうか。

それは、「戦う」か「逃げる」かの二択です。専門用語では、「闘争逃走反応(Fight or Flight response)」とも呼ばれています。この行動は、天敵に襲われそうになったときの動物の行動をイメージするとわかりやすいでしょう。命の危機に瀕しているときに、「どのように相手と対峙すればいいのか」を深く考えている時間的猶予はありま

せん。戦いを挑むか、あるいは戦わずして逃げるか。命を守るために、瞬時の判断が求められます。われわれも、山道で大きなヒグマといきなり遭遇したら、冷静に考えている時間などないはずです。

ここで重要なのは、「闘争逃走反応」は、生物が何かを学習するモードではないことです。わかりやすく言えば、あくまでその場を生き延びるための「危機対応モード」です。人間にも同じことが言えて、誰かから強く叱られたときなど、強いストレスを感じる関わりによって、本能的に防御システムが働くことをぜひ知っておいてほしいと思います。

「戦う」か、「逃げる」か。

防御システムによる行動は、叱る側に勘違いを引き起こします。なぜなら、「目の前の人間の行動が変わる」からです。自分が叱ったことによって、素直に練習を始めた、言うことを聞いて片付けが早くなった、となると、「叱ることに効果がある」と思ってしまうのもわからないことではありません。「相手の変化」という「報酬」を得ることができるため、叱ることには学習効果があると思うのです。

しかし、脳内のメカニズムを考えると、それは「生き延びるため」の咄嗟の反応に過ぎません。何かを深く学んだわけではないので、また同じことを繰り返す可能性が高いのです。叱られることによる学びがあるとすれば、叱られたときの対処法だけと言っていいでしょう。「こういう態度を見せておけば、監督はもう怒らないでしょう」「反省するそぶりを見せれば、親は許してくれる」などと、その場の対処法はうまくなります。ある意味では、ずる賢さを学んでいると言えるかもしれません。

なお、「戦う」か「逃げる」かと言っても、立場が上である指導者や教員に対して、何かを言い返したり、主張を押し通したりして「戦う」ことは、なかなか難しいことだと思います。そうなると、叱られる側が取る選択肢の多くは「逃げる」です。逃げると言っても人間は高度に社会化された生き物なので、決してその場から走って逃げるわけではありません。その場を取り繕うようにして、指導者の言うことに従い、謝罪の言葉を述べていく。こうして、叱る側は叱ることに手応えを得るようになるのです。

大利からの問いかけ

「叱られることで心が強くなる」と考える指導者も多い？

厳しく叱る指導者のもとで育ち、「学生時代の厳しい指導を受けたおかげで、メンタルが強くなった。少々のことでもへこたれない心の強さが、大人になった今も役立っている」という考えを持つ人もいると思います。

もちろん、当事者の考えであり、身をもって体験してきたことなので、それを否定するつもりは毛頭ありません。ただ、だからといって、「理不尽な叱る指導が必要だ」と考えてしまうのは、それもまた違うのではないでしょうか。

成功した人の言葉が生む「生存者バイアス」

「生存者バイアス」という言葉をご存じでしょうか。

「成功した人の経験ばかりに注目が集まり、うまくいかなかった事例には注目が集まらない」ことによる、認識の偏り（バイアス）を意味する言葉です。話を聞く側も、成功者の事例を聞きたがる傾向にあります。マスコミも、失敗した人よりは成功した人の声を取り上げるため、ひとりの事例が、万人にも共通する法則のように伝わってしまうときがあるのです。

成功者の場合、そこに至る過程の中で仮に暴言や罵声等の指導を受けていたことを、自分が成功できた理由のひとつと考えて「（それも含めて）自分にとってはいい指導だった」と結論づける可能性があります。同じような指導を100人受けて、そのうち成功したのはたった1人で、その裏には99人の挫折の苦しみがあったかもしれないのに、です。一定の成果を収めた元アスリートが、学生時代の上下関係の厳しさや指導者からの体罰を、少しユーモアを交えながら話していることがありますが、同じ環境で乗り越えられなかった人が何人もいたであろうことを知っておくべきだと思います。

もちろん、実感として「良い指導だった」と思う成功者に罪はありませんし、個人の認識として尊重されるべきです。しかしながら、その成功が多くの「挫折」や「深い傷つき」の上で成り立っている可能性を、受け手である私たちは強く認識しておく必要があるでしょう。

また、厳しく叱られた経験がないアスリートが大成した場合は、学生時代を振り返るインタビュー等で「叱られた」というワード自体が出てきません。経験していないので語りようがないからです。その場合は、もっと別の要因を自分が成功できた理由として語るでしょう。結果として、トップアスリートが「叱る」について語る内容は、「厳しく叱られて良かった」というものだけに偏ってしまうのです。「生存者バイアス」という概念を知っておくだけでも、モノの見え方が変わってくるはずです。

理不尽な苦痛は「無力化」された状態を生む

先ほど、「叱られても、学ぶモードにならない」とお伝えしました。じつは、事態はもっと深刻です。「他者から与えられた理不尽な苦痛によって、主体的な行動ができなくなる」からです。このことが確かめられた、犬を用いた有名な実験があります。

犬たちは逃げられないように固定され、ただ理不尽に電気ショックを与えられたグループ（A）、電気ショックは与えられたが、同時に電気を止められるレバーも与えられたグループ（B）、電気ショックが与えられなかったグループ（C）に分けられていました。この研究の優れたところは、Bがレバーを押すと、レバーを与えられていないAの電気ショックも止まるという点でした。

つまり、客観的な苦痛の量は全く同じなのです。電気ショックが流れるタイミングも、止まるタイミングも同じ。唯一違うのは、犬が体験する〝理不尽さの程度〟であり、「解決策」があるか否か。レバーがないAのほうは、自力で電気ショックを止めることができないのに、よくわからないうちに苦痛が終わったのです。

後日、犬たちは塀の中に入れられて、電気ショックから逃げ出す課題が与えられました。犬たちを囲む塀はそれほど高くなく、本気でジャンプすれば飛び越えられる高さでした。つまり、「理不尽を与えられても、頑張ったら逃げられる環境」を作ったのです。当然、BとCのグループだった犬はすぐに逃げ出しました。ところが、Aグループの犬の多くはうずくまり、ただ電気ショックが終わるのを待っているだけだったのです。研究者たちはAグループの犬たちが、自分が無力であることを学んだのだと考え、この現象を「学習性無力感」と名づけました。

ここでのポイントは、専門用語を使えば「非随伴的な状態か否か」にあります。非随伴的とは、自分の行動が環境に影響を与えることができないことを指します。この場合ならば、自分自身の行動では電気ショックによる苦痛やストレスを止めることができず、完全に受け身にならざるをえない状態のことです。

3つめのF＝Freezeモード

さきほど、「Fight or Flight（戦うか、逃げるか）」の話をしましたが、じつは3つ目のFが存在しています。それが、Freeze（フリーズ）です。このモードは、戦っても逃げてもどうしようもないときに、その場でジッと身を固めて、時が過ぎるのをひたすら待つ。そんな状態です。動物の例で言うならば、戦うことも逃げることもできない状況で、「死んだふり」をして危機が過ぎるのを待っている状況をイメージしてもらえばわかりやすいかと思います。

とはいえ、人間の場合はじっとしているだけでは生きていけませんので、本当の内面を隠しながら、取り繕いながら生きていくことになります。日常生活を送ってはいますが、主体的に動くことはなく、言われたことに従順に過ごしている。周りの大人から見ると、素直で我慢強い人に見えることが多くあります。しかし、実際には「何をやっても無駄だ」とあきらめてしまっている状態で、人間の内面として望ましい状態ではないことは明らかです。

問題は、一見するだけでは「我慢強い人」「素直な人」と、「無力化されフリーズしている人」を見分けることが難しいところにあります。指導者から理不尽な苦痛を与え続けられた選手は、指導者からの指示に従っている限り問題が表面化しません。けれど、いざ自分で考え、自分で決めてプレイしなくてはいけない状況になったときに、フリーズしてきた人は主体的に動き出すことが難しくなってしまう可能性が高いのです。

叱る人を崇拝してしまう怖さ

苦痛を与える指導の問題点は、無力化だけではありません。

知らず知らずのうちに、叱る側と叱られる側に特異な関係性が築かれてしまう場合があるのです。専門用語で「トラウマティック・ボンディング」と言われ、暴言や暴力を繰り返し受ける中で、感情的に強い結びつきが生まれ、離れられなくなってしまう心理状態を指します。元々は主にDV関係にある夫婦や恋人に使われる用語ですが、指導者と選手の間にも十分に起こりうることだと思います。

理不尽な苦痛を与えられ続けた人は、自信を失ってしまいすがるものや拠り所を求める心理になってしまう傾向があります。そして、「叱る人」はよく「あなたのためを思って言っている」と言います。そのため、よりにもよって自分の自尊心を根こそぎ奪った相手のことを、「自分のためにここまで本気で叱ってくれる。自分のことを真剣に思ってくれている素晴らしい人だ」と、崇拝してしまうのです。

第三者が冷静に見れば、「そんなひどい関係性なら、一日でも早く逃げたほうがいい」と感じるのですが、当事者はなかなかそう思えません。ネガティブ感情によって支配され、エネルギーを失ってしまうからです。主体性がなくなり、相手に対して頼りたい、すがりたいという感情が強く芽生えてしまいます。

スポーツ指導の世界で、ここまでひどい関係性になることはそう多くないかもしれませんが、もう少しマイルドな状況は少なからず起こりえます。本来は自分で考えて行動したほうが、充実感を得て楽しいはずなのに、「時には叱られながらも指示を出してもらえたほうが、自分で考える必要がないので楽」と思うようになってしまう。この現象は、よくあることではないでしょうか。「考えなくて良いから楽」と思えているうちはまだましで、自分で考えることなど思いもよらない状態になっていることもあるでしょう。他にも、理不尽なことを強いる指導者に、「この人について行けば勝てる」と、選手自ら近づいていくケースも多々あります。

当事者にいくらアドバイスを送ったところで、その結びつきを解けないのが「トラウマティック・ボンディング」の怖いところです。叱る指導だけがすべてではなく、世の中にはまったく別の指導が存在することが想像できない人も少なくないでしょう。主体性を育み、自分の個性を伸ばせる指導を受けるチャンスがある。こうした情報が、もっと広く世に知られる必要があるのだと思います。

大利からの問いかけ

では、叱ることには まったく良い効果がないのか？

ここまで「叱る」という行為の限界や問題点について様々な視点からお伝えしてきました。ですが、誤解してほしくないのは、私は「絶対に叱ってはいけない」と言っているわけではないのです。「叱る」という行為が必要な場面も、かなり限られた場面ではありますが存在します。つまり、叱ることには効果もあるのです。

叱る効果はとても限定的なもの

かなり限定的にはなりますが、次の2つにおいて効果があると考えていいでしょう。

1 目の前の危機への介入

目の前で起きている良くない行動を止めること、変えることに対して、「叱る」ほど即時性の高い効果的な介入行為はありません。たとえば、野球の練習であれば、近くに人が通っているのに、周りの様子をまったく見ずにバットを振っている選手がいたとします。悠長に話しかけていては、時間がありません。大きな声で、ネガティブ反応を引き出してでも、今起きている危機に介入しなければいけない状況と言えるでしょう。

また、外から見た危険な行動だけでなく、人の内面で起きている心の「危機」に関しても一定の効果はあると考えられます。それは萩原智子さんとの対談で、改めて深く実感したことです。スイミングスクールのコーチに対して反抗的な態度を取った萩原さんに、お母さんが〝ブチ切れた〟というやりとりです。ぜひ、対談をご覧ください。

2 未来への抑止力

もうひとつは抑止力です。これまでの叱られた経験（具体的にはネガティブ感情体験）や何をすれば叱られるのかという事前の説明が「抑止効果」となり、危険な行動や望ましくない行動を取らないようになる場合があります。人は未来に苦痛を予測すると、その苦痛を避けようとするようになることによる効果です。

たしかに、一度強く叱られた経験があると、「同じ行動は取らないにしよう」と思う場合があります。ただし、この効果はあくまで苦痛の回避によるものであり、望ましい行動を学習したわけではありません。そのため、全く同じような状況に効果が限られますし、別の抜け道があればそれをしようとするでしょう。

重要なのは「叱り終え方」

それぞれにおいて、注意点があります。

まず、「危機介入」に関しては、上手に叱り終えることが重要になります。危機が過ぎ去ったのであれば、速やかに叱ることをやめる。危機が終わったあとにも、しつこく言いたくなる気持ちもわからなくはないですが、それは叱る側の欲求の充足に過ぎません。叱られた側は「うるさいな」としか思わなくなるでしょう。「危機介入」の役割を終えたのなら、スパッと叱ることをやめる必要があるのです。

これもまた、萩原さんの対談を参考にしていただきたいのですが、お母さんの危機介入から、「叱る」を手放すタイミングが本当に見事で、尊敬に値します。「現在進行形で起きていることにのみ、効果がある」という点を、今一度書き留めておきます。

罰則を強化しても「抑止」には限界あり

もうひとつの「抑止力」は、現実にはかなり限定的な効果しか得られないと言っていいでしょう。

私がよく事例に出すデータが、「飲酒運転による死亡事故・重傷事故件数の推移」です。2002年に飲酒運転の厳罰を強化したことで、2000年代前半に死亡事故・重傷事故ともに一気に減ったことがあります。2007年、2009年にもさらなる厳罰化を図り、飲酒した運転手の車に同乗していた人にも、罰が加わるようになりました。

こうした背景もあり、右肩が下がりで事故件数は減っていましたが、２０１０年以降は横ばいに近い微減の状態が続いています。苦痛の提示による抑止の効果に限界があることのわかりやすい事例です。

なぜ抑止の効果は限定的なのか

その答えはシンプルで「罰で人は学ばない」からです。罰則が強化されることで飲酒運転をやめた人は、もともと「飲酒運転は良くないこと」と自覚していた人たちです。一方で「飲酒運転はさほど悪いことではない。ちょっと飲むくらいなら大丈夫」「私は飲んでも酔わない。勝手に罰則を作られて迷惑している」などと思っている人たちは、たとえ飲酒運転で捕まって多額の罰金を払ったとしても、反省したり考えを改めることは少ないのです。

このことから選手の指導に、規則と罰の強化で対応することの限界が見えてきます。チームの規律を守るため、もしくは意識を高めるにせっせと罰則を増やしても、それを気にするのは「あなたは別に変わらなくてもいいよ」と指導者が思う子どもたちだけでしょう。変わってほしい、反省して学んでほしい相手ほど、規則と罰では効果が出ないことが多いのです。

「ペナルティ」も「叱る」も意味合いは同じ

時折、「ペナルティ(罰)を与えることも、叱ることと同じ意味合いですか?」と聞かれることがあります。

結論から言うと、双方に大差はないと考えるべきです。指導者側ではなく、選手側の視点で考えれば、その理由がわかると思います。「ネガティブ感情を植え付けられ、行動をコントロールされる」という点では、ペナルティと叱られることに大した違いはありません。

スポーツの世界であれば、試合や練習から外したり、負けたあとに罰走を命じたりすることがあるでしょう。何か良くない行動を取ってしまったあとに、反省文を求めたりする場合もあると思います。

指導者側は、「次に同じミスをしないように、自分の至らなさに気付いてほしい」という願いを込めているものですが、ネガティブ感情が生まれた時点で、自ら学ぶモードにはなりにくいのが現実です。「抑止」に関しても、その効果は限定的であることを再度記しておきます。

大利からの問いかけ

では、どうすれば自ら学び成長していくのか？

ここまで、「叱る」こと、つまりネガティブ感情でコントロールしても、人は学ばないし成長しないことをさまざまな側面から説明してきました。ではどうすれば、主体的に考え、学び、自ら行動するように導けるのかと思われるのは、当然の疑問だと思います。

この問いは、どんなときに人はもっとも学び成長するのかという問いでもあります。

「防御（危機対応）モード」ではなく「冒険モード」

一言でシンプルに表すとしたら、そのカギは「冒険システム」（冒険モード）にあります。冒険モードとは、「欲しい」「やりたい」といった気持ちをもって取り組み、試行錯誤を続けている状態を指す言葉です。危機に反応して行動する「防御モード」とは対極にあるものだと考えると、どんなモードかイメージしやすいはずです。

「冒険システム」について、そのメカニズムを説明します。第1章で、ドーパミンを放出するニューロンを中心とする脳のメカニズム「報酬系回路」について説明しました。人の処罰欲求は「誰かを処罰しようとするときに、ドーパミンが放出され、快感情や充足感を得ている」ものでした。そして「報酬」とは、「人間が行動を起こす動機につながるもの」です。

補足すると、ドーパミンニューロンは報酬そのものを得るときから、報酬を〝期待するとき〟に活性化するようになることがわかっています。報酬系回路は、人の「欲しい」や「やりたい」を支えるメカニズムがその本質なのです。（そこに処罰欲求も含まれているのが、人間の脳の複雑なところではありますが）。

この報酬系回路の中には、知性や理性に重要な前頭前野の一部も含まれていて、ドーパミンの放出によってより活性化します。言い換えると、ドーパミンは人の欲求を満たすことに加えて、報酬を得るために自分自身を「制御」する回路も司っているわけです。

ここからは私の持論になりますが、欲求や期待によって刺激を受ける報酬系回路は、「冒険システム」とも呼べるメカニズムと言えるのではないでしょうか。この冒険システムが活性化し、「冒険モード」がオンになると人はどんな状態になるでしょうか。ワクワクする気持ちで冒険に出かけ、多少困難なことがあっても、自ら試行錯誤、創意工夫を重ねて、課題を乗り越えていくでしょう。それによって、さらに報酬系回路が活性化され、ドーパミンが放出される。冒険の過程の中で、指導者や親からアドバイスをもらうことも当然出てくるでしょう。自ら主体的に取り組むためのカギがここにあるのです。

主体性がどのように奪われたかを考えてみる

冒険モードの話をすると、「子どもたちが、どうすれば冒険モードになりますか？」という質問を多く受けます。そのときの答えはとてもシンプルで、「冒険モードの邪魔しないこと」と伝えています。

考えてみてください。赤ちゃんのときは、誰もが好奇心旺盛で、見るもの触るものすべてが新鮮で、毎日が冒険だったはずです。なぜ、その好奇心が失われていくのか。さまざまな要因があるとは思いますが、そのひとつには大人側の教育に理由があると考えています。

2024年1月に、自分自身のX（旧Twitter）にこのような投稿をしたところ、賛同の声が多く届きました。

「自己肯定感」や「主体性（自律性）」など生きていくうえで重要な心理状態を考えるときに「どうやったら高まるか」が議論されることが多いですが、「どのタイミングでどのように奪われた（阻害された）」のかや、「これ以上奪われないために何が出来るか」がより大事なのだと思うことが増えました。

言いたいことが伝わるでしょうか。

指導者や保護者は「主体性をどうやって育てるか、どうしたら高まるか」を考えがちですが、それはつまり特別な「トレーニング」をしないと主体性が身に付かないと考えていることになります。でも違うのです。そもそも、人間は主体的で、好奇心旺盛な存在なのです。そのことを前提に考えると、その主体性が「何によって、いつ奪われたのか」、という発想を持つことが大事だと思うのです。

ネガティブな感情を植え付け、「あれをしなさい、これをしなさい」と方法論を指示ばかりしていたら、冒険モードが失われていくのは当然と言えるでしょう。

麹町中から学ぶ「待つ」ことの実例

冒険モードが失われ、ディフェンスモードが優位に働く子どもがいた場合、大人はどのようなアプローチをかければいいでしょうか。

ひとつの実例として、東京・千代田区立麹町中の取り組みを紹介したいと思います。さまざまな改革を起こしてきた、工藤勇一先生が校長を務めていたときのお話です。

工藤先生は「リハビリ期間」という表現を用いていましたが、授業中であっても、「何をやっても構わないよ」という時間を意図的に設けていました。勉強をするのもしないのも自由で、好きなことをやっていい。ゲームをしても、マンガを読んでもいい。「そんなことを許していいの？」と思いたくなりますが、麹町中学校では「主体性を取り戻すために必要な期間」として、ただひたすら待ったのです。

工藤先生によると、はじめは教室の何割かの生徒は勉強しないことを選んだそうです。ゲームを持ち込んで遊んでいる子どももいました。でも、教員が「勉強しなさい！」と指示を出すことはありません。コントロールしてしまうと、リハビリ期間の意味がないからです。

そのうち数カ月経つと、「そろそろ勉強するわ」とひとり、ふたりと抜けていき、半年も過ぎると、「勉強しない組」は数名に。最終的には、全員が自ら学ぶことを選んだ、ということが麹町中で起きたそうです。

かなり強烈なやり方なので、工藤先生の強いリーダーシップがあったからこその取り組みであり、他ではなかなか真似が難しいことかもしれません。その証拠に、工藤先生が退任されてから僅か数年で、麹町中学校は「元のやり方」に戻す意志決定をされました。私は個人的にとても残念なことだと思います。ただ、そもそも子どもたちの主体性が奪われることがなければ、「リハビリ」など必要がないということも、とても大切な視点ではないでしょうか。

「やりたいから、自分で決めてする」という心理状態

人が冒険モードになるために、絶対に必要な前提条件があります。

それは「自分で決めた」と感じる、自己決定感と呼ばれる心理状態です。麹町中の取り組みにおいても、子どもたちが「学ぼう」と自己決定することをひたすら待つ対応がされていました。逆に冒険モードの大敵は「コントロールされること」、つまりやらされ感です。そしてネガティブ感情を植え付けることも、行動をコントロールすることも、やらされ感に直結する対応です。「そんなに放っておいたら、子どもは遊ぶだけで学ばないのでは?」と感じるかもしれませんが、「自分から学びたい」と思うまで待つしかないのです。このことはスポーツ指導においても同じです。子どもたちに冒険モードで競技に取り組んでほしいのならば、指導者の思い通りにコントロールすることは、真逆の対応だと考えなくてはいけません。

とはいっても、指導者がすることは「ただ待つだけ」ではありません。重要なことは、「プラントモデル」の発想で環境を整えることです。具体的には、子どもたちに選択肢を提示することが求められます。そしてその選択肢から子どもが何かを自分で決めたら、すぐに動き出せる環境を準備することも必要です。つまり「待つ」といっても、受け身の行為ではなく、とても能動的な取り組みであることは知っておいていただきたいと思います。

もちろん、周りの環境も大事です。友達が一生懸命に勉強している姿を見て、「そろそろやるか」とスイッチが入ることもあるでしょう。最終的には、自由に遊ぶ組が少なくなると、焦りや寂しさも出てくるかもしれません。

スポーツ指導においては、周囲の仲間が「冒険モード」で取り組んでいるチームは新しく入ってきた人もまた、同じように取り組み始める可能性が高くなるでしょう。つまり、チーム全体の雰囲気を自主的で、自律的なものにしていくことが求められるのです。そこに指導者の腕の見せ所があると言えるでしょう。

「環境を整えて待つ」ことの、指導者の果実は何でしょうか。

それはなんと言っても、冒険モードになった子どもたちの学びや成長のスピードが一気に加速する瞬間に出会えることです。麹町中学校の例でも、最後のほうまで勉強する意志決定をしなかった子どもが、「やる」と決めてからとんでもないスピードで学習が進んだ事例があるそうです。この現象は徹底的に「待った」からこそ起こったことであり、誰かにやらされていた勉強では、高い成果は得られなかったでしょう。

大利からの問いかけ

「自己決定」を待つやり方は、そんなに待てない場合もあるのでは？

「環境を整えて待つことが大事ですよ」という話をすると、「でもそれってあまりにも時間がかかりませんか？」「目の前の試合に勝つことも大切ですよね」という反応がよく返ってきます。

目指す場所をどこに置くのか

そう言いたくなる気持ちのときは、何のために子どもたちがスポーツに取り組むのか、そもそもの目的に立ち返っていただきたいと思います。つまりどこに目指す場所があるのか、ということです。

多少「圧」をかけてでも、子どもたちの行動を指導者の思い通りにコントロールしたほうが、短期的には成果が出やすい場合も多いと思います。大人のほうが経験も知識も豊富なので、「こうやって、こう動けば結果につながる」という成果を導くのは早いでしょう。そんなときにもっとも効率的なのは、大きな声を出し選手を怖がらせてでも言うことを聞かせる方法です。実際に試合や練習で、大声を張り上げて子どもたちを「動かしている」コーチや監督は多い。たしかに目の前の試合に勝つことだけが目的ならば、その方法が合理的かもしれません。特にまだ幼い子どもの指導においては、その傾向は顕著でしょう。

でも、子どもにとってみれば、それは言われた通りに動いているだけで、主体的な行動が奪われている時間です。

人間の成長とは本来、時間がかかるものです。その時間の中で、自分で考えて、自分で決めて、試行錯誤しながら学んでいく。何かコツや手応えを掴んだときには、後からググッと伸びていく。私はこの過程を「学び方を学ぶ」と呼んでいます。スポーツならば「鍛え方を鍛える」と言えるでしょうか。自分なりの取り組み方を探っていくのです。大人が待ってやらなければ、試行錯誤する余裕がなくなってしまいます。

「いや、そんな悠長なことを言っていたら、結果を出せない」と考える指導者がいるとしたら、それ自体、「叱る指導が前提の思考」と言っていいでしょう。別の言い方をすると「子どもの学びや成長」が成果なのではなく、「指導者の思い通りにことが運ぶこと」を成果と考えていることになります。

サッカー指導者の池上正さんとの対談の中で、「何をもって成果とするかで、指導法は変わる」という話をしています。「コーチ自身の指導によって技術が身につくこと」を成果と考えるか、「試行錯誤の末、選手自身で考える力が身につくこと」が成果なのか。言うまでもなく、主体性が発揮されるのは後者です。

自由な時間の使い方で育ってきた背景が見える

自分が指導しているチーム（選手）が、「冒険モード」で主体的に取り組めているかどうかを確認できる、簡単な方法があります。

練習の時間の中に「自由に、自分のために好きなことをやっていいよ」という時間を設けてみてください。チームのメンバーは、嬉々としてそれぞれやりたいことに取り組み始めるでしょうか。それともどうしたらいいのかわからなくなって、何をすればいいか指示を求めてくるでしょうか。もしくは、競技に関係ない遊びを始めるでしょうか。

ずっと叱られながら指導を受けていると、どうしても大人の顔色を気にして、指示を待つ傾向にあります。「素直でいい子」と思われているかもしれませんが、裏を返せば、主体性が奪われて自分で考えて動くのが苦手になっている、とも言えるのです。やらされ感満載で練習に取り組んできた子どもたちは、これ幸いと練習から「逃走」し始めるでしょう。

一方で、冒険モードで競技に取り組んでいる選手は、やりたい練習をすぐに見つけて、前向きに取り組み始めるはずです。

もしあなたのチームに、自分で考えて動けない選手が多いならば、指導方法を見直す良いきっかけになるかもしれません。その場合はやはり、時間をかけて待つリハビリ期間が必要になるでしょう。大人側がすぐに解決しようと思うと、どうしても指示を出してコントロールしたくなってしまうので、そうなると意味がありません。勇気を持って子どもたちの選択を待ってあげることが、長い目で見たときに、必ず目の前の子どものためになるはずです。

特別対談

村中直人、スポーツ現場へ　指導者に会いに行く　その2

池上正

サッカー指導者

子どもたちには「選択肢」を用意する「違う世界」を見せることが指導者の役割

地域に根差した活動で主に小・中学生にサッカー指導を行う池上正さん。今回は実際に行っている練習を見学したうえで、対談が実現。指導者として、教育者として2人の理念、思考に多くの共通点があることが垣間見えた。

プロフィール

いけがみただし　大阪体育大学卒業（中・高体育教員免許取得）。卒業後は大阪YMCAに入職し、幼児教育（3歳児教室）やサッカー教室など多岐にわたり指導してきた。2002年4月にJリーグのジェフユナイテッド市原（当時）の育成普及部コーチとして加入、小学生・中学生らを指導。その後地域貢献として小学校を訪問するプロジェクト「サッカーお届け隊」の隊長として、2003年から2009年までの7年間で約40万人の小学生と接する。2012年2月より、京都サンガF.C.とコーチ契約を締結。「サンガつながり隊」を発足させ京都府下の小学校を巡回指導開始、5年間で約5万人の指導を行う。2016年よりNPO法人I.K.O市原アカデミー理事長として活動、現在に至る。

STAFF
GAViC

子どもを育てていくためには「仕組み」が重要

――まずは、村中先生にお聞きしたいのですが、今日初めて池上さんの練習を見て、どのような感想を持ちましたか。

村中　さまざまな「仕組み」が詰め込まれているのがとても印象的でした。それも、一貫した理念のもとに仕組みが提供されている。指導者が細かいことを言わなくても、それこそ大きな声をあげて怒らなくても、**適切な仕組みがあれば、子どもたちは成長できる。**それを目の前で改めて実感することができました。

――私も今日初めて見ましたが、小学生の練習でゴールが4つあることに驚きました（10メートルほど横に離したゴールを2つずつ置き、どちらのゴールに入れても得点となる）。

村中　敵陣にゴールが2つあることで、みんなと違うところでポツンと立っている子であっても、急にボールが転がってきて、得点のチャンスが訪れることがありうるわけですよね。どこにいても、「主役」として活躍できるような仕組みになっていると感じました。

池上　サッカーの練習をイメージすると、今でもランニングから始まって、対面パス、列に並んでのシュート練習と、一般的に言われる「基礎練習」を取り入れている指導者が多いのが現状です。それも間違いではないですが、私の考えは、**小学生の時期は試合の楽しさを味わわせてあげたい。**だから、うちのチームではグラウンドに来たら、すぐに試合をします。30分ゲームを1回やったあと、少し休憩を入れて、10分ほど練習して、また30分ゲーム。ほかのチームから移ってきた子どもの中には、「試合で負けるのがイヤだから、練習のほうがいい」と言う子もいます。でも、うちでゲーム形式をやると、「楽しかった。またやりたい」と笑顔で帰っていくことがほとんどです。

――ゴールを2つずつ置く狙いはどこにあるのでしょうか。

池上　子どもたちの視野が広がり、選択肢が広がっていきます。前がディフェンスでふさがっているのなら、隣のゴールを見ればいい。右がダメなら、左にパスを出せばいい。自然に顔を上げて、プレーするようになります。**仕組みの中、遊びの中でサッカーを学んでほしい。**1対1の対面パスをいくらやっても、試合で使える技術にはなかなかつながっていきません。

村中　サッカーに詳しくない私でも、「対面パス」はイメージできます。ほかのスポーツにも言えることですが、みんな揃って同じ練習をさせた場合、ひとりでもできない子がいると、イヤでも目立ってしまいます。指導者としては、どうしても叱りたくなってしまう。それは、当然の感情なのかもしれません。**叱りたくなるような「場面設定」をしているのは指導者側の責任でもあるわけです。**だからこそ、仕組みが大事。ゴールが2つずつある場面設定は、本当によく考えられているなと思います。

池上　私は大学でフットサルの授業を持っていますが、ここでもすぐに試合をやります。サッカーをしたことがない女子生徒もいるので、「すぐに試合ですか？」と不安そうな表情を浮かべますが、「大丈夫、大丈夫。できるから」と。もちろん、通常通りにやったら楽しめない学生が出てくるので、「走っちゃいけない試合にするよ」とルールを決めます。そうなると、女子生徒にもパスが出るようになり、周りの動きが速くないので怖さも感じない。そうしているうちに、守備がいないスペースにいけば、パスをもらえやすくなることもわかってきます。

村中　こういうところも、池上さんのうまい場面設定の事例ですよね。

小学生は「勝負」よりも「楽しむ」が大事

――「仕組み作り」「場面設定」が大きなキーワードですね。

村中　今日もっとも衝撃的だったのが、ゲーム形式の中で誰も得点を数えていなかったことです。得点板みたいなものもどこにも置いていなかったですよね。だから、仮に0対10で負けていたとしても、1点取ることができれば、子どもたちはその1点を喜ぶことができる。**指導者が勝ち負けにこだわっていると、子どもたちもその影響を当然受けるので、勝因や敗因を振り返ることがどうしても増えていくのではないでしょうか。**こうしたことの積み重ねが、「勝利至上主義」につながっていくものだと思います。

池上　この間、とても印象的なことがありました。5人対5人で交流戦をしたときに、0対3で負けている展開にもかかわらず、小学2年生の子がゴールを入れたあとに「やった！　逆転！」と喜んでいたんです。逆転はしていないんですけどね（笑）。勝敗ではなく、いいプレーができたから喜べる。**子どもの頃は、サッカーを楽しむこ**

とが一番大事だと思っているので、嬉しい瞬間でした。

村中　池上さんの練習を見ていると、そういう子が育つのがわかります。今日の練習後、子どもたちの振り返りを少し聞かせてもらいましたが、自分が関わったいいプレーについて楽しそうに話していました。

――**「ゴール4つ」も「点数を数えない」も、オリジナルの仕組みですね。**

村中　中学生の練習では、「全員がワンタッチしてからでなければ、シュートは決められない」など、また面白いルールを取り入れていましたね。こうなると子どもたち自身で、どうすればパスがうまくつなげるかを考えるようになるはずです。実際に、中学生は仲間同士でよく喋っていました。学校でもスポーツの世界でも同じですが、**子どもたちの主体性や創意工夫を大事にしている場では、大人が大きな声で指示を出すよりも、子ども同士で喋る声がよく聞こえてくる。**池上さんのチームはまさにそうでした。

池上　ありがとうございます。うちの事情をお話しすると、試合にも出場するチームの子と、練習だけに参加するスクールの子が、同じ時間に混ざって練習をしています。その中で何を育てるかを考えたときに、**サッカーを楽しむことが大前提にあり、**

そのうえでチームが勝つことよりも、個を育てていきたい。勝ち負けを意識するのは、中学生の後半ぐらいからで十分だと思っています。

――小学生で勝ちにこだわりすぎる弊害はありますか。

池上　**勝ちを求められすぎて、気持ち的に苦しくなる小学生を見てきました。**楽しさにも段階があり、小学生では仲間とサッカーができる喜び、中学生ではサッカーがうまくなること、高校生になる頃に勝つことに喜びを感じてくれたらいいかなと思っています。

――「個を育てる」という中で、具体的なポイントはありますか。

池上　練習に来たときに必ず、チームのフィロソフィー（哲学）やゲームモデルを確認するようにしています。すべての取り組みは、ここにつながるようにと考えています（以下、参照）。

【Philosophy】

・良きプレーヤーになること、それはサッカーを楽しむことです。

・良きプレーヤーはコーチの話を注意深く聞き、それをやろうと努力します。

・I．K．Oアカデミー FCは他の人のために働くことの意味がわかり、他の人たちにとって価値のある存在になることです。

【ゲームモデル】

・ボールを失わずにゲームを支配する
・リズム良く、創造性、楽しさ、そしてアグレッシブに
・ゲームを読み、そして認識する（素晴らしい感覚を持つ）
・ボールを持ったらまず遠くを見る（仲間を探す）
・ポジションのバランスを常に考える
・コンビネーションプレーのために三角形を作る
・攻守の切り替えを速くし、最後まであきらめない。

何をもって「成果」と考えるのか

――ゲーム形式の練習のときに、池上さんが「こうやりなさい」と指示を出すことが一度もありませんでした。何かミスが起きたときに、一旦プレーを止めて、ミーティングを始める指導者もいますが、一度も止めないのが印象的でした。

池上　プレーを止めて、その場で説明しても、すぐにできるようにはならないですからね。それに、サッカーは常にボールが動いていて、ものすごく複雑なところがあります。たとえば、右にパスを出したから、それが絶対にダメということはありません。

――**「正解はひとつではない」と考えることができそうですね。練習中、池上さんが「惜しい！」と言っているシーンが何度かありました。**

池上　**スポーツの世界から「失敗」という概念をなくしたいと考えています。**「ナイスチャレンジ！」「惜しい！」でいいじゃないですか。子どもたちはわざとミスをしているのでなく、「こういうプレーがやりたい！」とトライしているわけですから。今はまだできないプレーであっても、いつか技術が身についたときにできるようになるかもしれません。**小学生のうちに養っておきたいのは、自分自身で気付いて、考えて、行動することです。**その考えを広げるような声かけはしています。たとえば、相手のマークがついてパスがもらえない子に対して、「今の状況でパスをもらおうとしたら、どうする？」と問いかける。このとき、「右に動けば、パスをもらえるでしょう」と指導者が言ってしまうと、子どもたちは自分で考えなくなってしまいます。

村中　池上さんの話から感じるのは、**「何をもって成果と考えるかで、指導方法は変わっていく」**ということです。たとえば、「右に動いて、そこにパスをして、この方向にシュートを打てば、ゴールが決まるだろ」と教えたがる人は、「成果＝自分の指導によって技術が身につくこと」だと考えているわけです。一方で、池上さんのような指導者は、「成果＝自分（選手自身）で考える力が身につくこと」だと考えていると思います。指導者に言われたことをやっているだけでは、考える力はなかなか身につ いていかないでしょう。

――非常にわかりやすいですね。叱る系の指導者の成果は、「自分の教えによって勝利を得る」という考えが多いかもしれません。

村中　もっとはっきり言うと、**「自分の思い通りに子どもが動くことで、勝利を得る」**。だから、**その道から外れた行動を取ると、どうしても叱りたくなってしまうのです。**

池上　わかりやすく言えば、「おれの言うことを聞け！」。それによって勝ったときには、「ほら見ろ、おれの言った通りにやったら勝てただろう」って。指導者はついつい、「こうやってやればうまくなる。だから、やりなさい」と指示を出したくなるものです。でも、はたして本当にそうなのか。別のやり方のほうがうまくいくこともたくさんある。私としては、「**こういう考え方もあるよ**」**となるべく多くの選択肢を提示したい**と考えています。

子どもの成長スピードに合わせる

——池上さんの指導を見て感じたのは、「子どもたち自身で気付くまで、相当待つ時間が必要になるのでは」ということでした。

池上　そういう考えを持たれる方は、多くいらっしゃいます。それを「待つ」と考えるか、「**そもそも子どもたちが成長するスピードはそういうものだよ**」と捉えるかで変わってくると思います。

村中　私も、「そういうもの」だと思います。

——「待っている」という感覚はないですか。

池上　ないですね。「いつ気付くかな」と思いながら見ています。でも、「**気付かせてやろう**」**と思うことはありません。**

——村中さんは、「子どもたちの自己決定感を引き出すには、大人は待つことが大事」

と表現されることが多いですが、「待つ」という感覚でいいですか。

村中　私が「待つ」という表現を使うのは、**今の教育が「待たない仕組み」だからです。**学業を例に取ると、本来はその子の習熟ペースに合わせて、学びが進んでいくはずなのに、もともと決められた単元が先にあり、そのペースが優先される。大人が勝手に決めたペースには合わない子どもが多いので、「待つ」と表現しています。スポーツ指導でも、同じようなことが言えると思います。「この時期にこういうことを教えれば、このぐらいのペースでうまくなっていく」という目に見えない基準のようなものを、指導者はどこかで持っているはずです。その基準から外れると、ついつい何か口を出したくなってしまう。**学習もスポーツも、子どもたちの成長のペースこそが優先されるべき**だと思います。

池上　常々思うのは、「**日本のスポーツ指導は強者の理論で成り立っている**」ということです。つまりは、強い者のモノの考え方が中心にある。それが根底にあるので、子どもが何かに取り組み始めたら、「うまくなるもの」「成長するもの」と大人側が思ってしまうのです。でも、それこそ、成長のスピードは人それぞれです。私のスクールに来ている子どもたちに対しては、「その時間でサッカーを思い切り楽しんでくれればいいよ」という気持ちで見ています。

勝つことで人は育つのか？

――スポーツ指導の現場では、「勝つことで人は育つ。だから勝たせてあげたい」という言葉も耳にしますが、村中さんはどのように考えていますか。

村中　私はスポーツ指導に関わったことがないので、あくまでも自分の専門分野からの発言になりますが、たとえ結果が同じであっても、子どものモードの違いに注目することが大事だと思っています。コーチからの指示を待ちながら、ときにはビクビクしながらプレーをしたうえで勝ったのか。あるいは自分たちで考えて、創意工夫をして、行動に移したうえで勝ったのか。「勝つことは大事」という考えはわかるのですが、「子どもたちがどのようなモードで行動したのか」までは語られることが少ないように思います。

――たしかに、おっしゃる通りかもしれません。村中さんの言葉を借りれば、「冒険モード」であるか否かでしょうか。

村中　そうなりますね、ドーパミン系が働いている冒険モードか、あるいは偏桃体系が優位に働くディフェンスモードか。どちらも、人間の行動を促進するモードですが、脳の状態はまったく違います。ディフェンスモードは、考える力を司る前頭前野の活動を下げる特徴があり、他者から危害を加えられているときに起こりやすい。簡単に言えば、**厳しく叱られているときの状態で、本能的に「戦う」か「逃げる」を選んでいく。**じっくりと物事を考えられるようなモードではないわけです。

――良くも悪くもですが、行動は速くなりますね。

村中　このモードをうまく使うと、子どもたちは指導者の指示に対して素早く動く可能性があります。もしかしたら、ジュニアの世代では結果を残しやすいかもしれません。でも、中学生、高校生、大学生とカテゴリーが上がっていくと、**コーチに言われたことをやっているだけの選手やチームはどこかで壁にぶつかるはず**です。それは、指示を待っていると、相手の変化への対応が確実に遅くなるため。それが、グラウンド上の選手たち自身で考える力があれば、変化にも臨機応変に対応ができる。池上さんのチームの子どもたちは、今は行動がゆっくりしていますが、どこかのタイミングで自ら勘所を掴んだときに、ピシッと統率されたチームに勝つようになる可能性があります。

――たしかに……、片付けや準備の行動が少しのんびりしていましたね。

村中　子どもって、本来はそういうものですからね。もし、池上さんが笛を頻繁に使ったり、手を叩いて行動を促したりするコミュニケーションを取れば、グラウンドでの移動も片付けも速くなるはずです。指示に対して、従うようになるでしょう。池上さんの経験をもってすれば、今はそのほうが勝たせられるかもしれません。でも**それで勝つことに、どれほどの価値があるのでしょうか。**「子どもたちの学びや成長を促進していますか?」ということです。

池上　これはJリーグの例ですが、ジェフ市原を率いていたときのオシム監督は、大学生としか練習試合を組みませんでした。リーグ戦が週末にあるときは、水曜日が練習試合の日です。自分たちがやりたいサッカーを実践できるように、格下の相手をわざと選んでいるのです。11対11で力の差がある場合は、ひとり減らして、ふたり減らしてと、ジェフ側の人数を減らしていきます。8対11になっても、やりたいサッカーができるかどうか。人数が減っている分、自分たちで考えて行動しなければ、うまくプレーできないような仕組みを、オシム監督は作り出していました。

――勝つことは大事。「でも、大事なことはどういうモードで勝つか」という話につながっていきますね。

指導者の役割は「違う世界」を見せること

――そもそものお話になりますが、池上さんの指導者としての原点はどこにあるのでしょうか。

池上　大阪体育大卒業後、ＹＭＣＡのコーチになって3カ月ほど経ったときのことです。ある子が、少しふざけた感じで練習をしていたので、「真面目にやれ！」と頭をポカンと叩きました。今から40年ほど前の話になります。頭を叩かれたその子は、「こんなクラブ辞めてやる！」とその場で練習をやめて、帰ってしまったんです。結局、本当にクラブを辞めたのですが、1カ月半ほどしたあと、その彼が別のチームでサッカーをしていたのを見て、愕然とした気持ちになりました。

――それはなかなかショックな体験ですね。

池上　ＹＭＣＡの牧師に、「私と教えている子どもの間にはどんな愛情が成り立つのでしょうか?」と相談に行きました。すると、牧師は「キリスト教には3つの愛がある」と教えてくれました。ひとつは、男女の愛情に関わる「エロス」。もうひとつは、兄弟関係につながる「フィリア」。最後が、神様が人類への無償の愛を注ぐ「アガペー」。どれも、私と教え子の関係においては、成り立たせるのが難しい愛だと感じました。たとえ、私がいくらいい指導をしたとしても、受け入れてもらえなければ、簡単にチームを辞めていく。今のままの指導では、また同じようなことが起きてしまう。**「一度関わりを持ったのなら、最後まで見てあげたい」**と強く思うようになりました。

――今の池上さんであれば、その子にどんなアプローチをしますか。

池上　「どうする？　ちゃんと練習をやるの？」と聞くでしょうね。頭ごなしに叱ることはないと思います。

――その子が辞めてから、意識的に指導は変えたのでしょうか。

池上　変えましたね。怒らなくなりました。ＹＭＣＡはリーダーとしての資質を育てるために、さまざまなグループワークがあります。そこで学んだのは、自分がやっていたのはただ引っ張っていくだけのリーダーシップであって、それだけでは子どもたちは伸びていかない。目指すのは、「みんなが影響し、成長し合って、どこに向かって進むかわからない」という集団です。そこで求められるリーダーの役割は、「今はこっちの方向に進んでいるけど、こっちの世界はどう？」と違う世界を見せてあげることでした。**ひとつの方向や考えが正しいわけではない**、ということです。

――池上さんのサッカー指導に確実につながっていますね。

池上　ＹＭＣＡにはボランティアの学生も学びにきています。あるとき、学生たちが「おやつをいつ食べるか」という議題で子どもたちと話をしていました。子どもたちが出した考えは、「ご飯の前でも食べていいと思う」。学生のリーダーは、「子どもが決めたことだから」と賛同していましたが、私はリーダーを呼んで、「ご飯の前にお菓子を食べることで、どんな状態になるのか。そういう話までしたのか？」と聞くと、「でも、子どもたちがご飯の前に食べたいと言っているので」という返答でした。私が伝えたのは、「違う世界を見せることが、リーダーの役割では？」ということです。

村中　今、池上さんがお話しされたような接し方を、私は「**地図を渡すコミュニケーション**」と呼んでいます。現在地から道がいくつかにわかれていて、道の先には何があるのか。大人の経験なら予測できることでも、子どもにはわからないことが多いですよね。だからまず地図を見せるように説明するのです。そのうえで、「行き先を決めるのはあなた自身ですよ」という、自己決定を重視したコミュニケーションのやり方です。もうひとつ、その対極にあるのが「手を引くコミュニケーション」で、指導者や大人が子どもの手を引いて、目的地まで連れていく。この2つのコミュニケーションを、**状況に応じながら使い分けていくことが、指導者には求められている**と思います。

日本人に足りないのは人権の意識

――スポーツ指導の現場では、未だに「体罰」の問題が絶えません。さすがに暴力をふるう指導者は減っていると感じますが、言葉や態度で選手たちに重圧をかける指導は残っています。「なぜ、体罰は減らないのか？」と問われたら、池上さんはどう答えますか。

池上　私が**一番感じる問題点は、日本人の人権意識の低さ**です。「人権」を知らなさすぎます。日本は、『子どもの権利条約』に批准していますが、実際には子どもの権利が認められていないケースが多いと感じます。うちの娘が小学5年生のときに、林間学校の行事で肝試しがありました。娘は怖いことが大嫌いなので、私から「怖いなら行かなくてもいいんだよ。子どもにも選ぶ権利があるからね」と伝えたあと、娘が先生に言いに行きました。先生の対応は、「じゃあ、行かなくてもいいから、ひとりで部屋で待っておきなさい」でした。

――むしろ、ひとりで待っているほうが怖いかもしれません。

池上 そうですよね、部屋に残っているのが娘ひとりしかいない。「怖がることが嫌い」と話しているのに、「肝試しに参加しなければいいのでしょう」という発想にしかならないわけです。子ども一人ひとりの人権が無視されていることが、体罰にまでつながっているように思います。

村中 今、池上さんがおっしゃった「人権意識が低い」という考えはまったくの同感です。**日本で人権の話をすると、なぜか優しさや思いやりなど、道徳の話になってしまう**のですが、それは違います。**人権とは権利の話であり、権利とは選択の話**です。つまり、「あなたには知る権利や、行動を選択する権利がありますよ」ということです。これは、人から聞いた話ですが、「人権が無視される国家では、国民が天気予報を知ることができない」と知って、なるほど、そういうことなのかと納得しました。天気は移動や行動を決定するうえで、非常に大事な情報です。それを国民に隠すというのは、自由に行動することを制限しようとすることです。天気を知れることも、自由に移動できることも、国民一人ひとりの人権が尊重されているからできることなのです。

——当たり前だと思っていることが、じつは人権問題とつながっているのですね。

村中　池上さんの娘さんの話を例にすると、学校側から彼女にいくつかの選択肢を提示してほしかったですね。あるいは、肝試しに何らかの目的があるのなら、ほかのプログラムを用意することもできたのではないでしょうか。子どもに選ぶ権利がないというのは、誰かが「あなたはこうあるべきだ」と行動のあるべき姿を勝手に決めてしまうことになるのです。生徒だからこうしなさい、子どもだからこうしなさい、選手だからこうしなさいと、〝あるべき姿〟を求めすぎている大人が多いように感じます。

——大人側が〝あるべき姿〟を持っているからこそ、そこから外れたときについつい叱りたくなってしまう。

村中　規範から逸脱すると、どうしても処罰欲求が芽生えてきます。ドーパミンが分泌されて、誰かに苦しみを与えたくなる。これは世界中どこの国でも起こりうることで、「脳のメカニズムがそうなっているから」としか説明ができません。こうなると、あとは叱る度合いの問題で、激しくなりすぎると体罰につながりかねない。**〝あるべき姿〟が強い人ほど、相手が持っている権利を制限する発想になりやすいのです。**

――「叱るを手放す」と考えたとき、大人が子どもの人権を尊重することが、大きなカギになりそうですね。

村中　そうなります。ただ、私は講演会や著書の中で、「人権」という言葉をほとんど使っていません。なぜかというと、「人権＝優しさや思いやり」を連想する人が多く、本当に伝えたいことが伝わりにくいからです。代わりに、「子どもの選択肢を奪わないでください」という言い方をしています。**チームの練習に参加するのもしないのも、本来は子どもに選ぶ権利がある**のです。日々の練習メニューに関しても、子どもも自身が選択して、決定できる余地を残すことが重要になってきます。

池上　非常にわかりやすい話ですね。私が小学生向けにやっているプログラムでは、試合相手も場所も、小学生自身で選べるようにしています。何事も、「自分自身でちゃんと選べる」という環境を作っておくことが、非常に重要であるのは間違いありません。

指導者として大事にしていること…
「楽」から「感」へ

――最後に、指導者である池上さんがコーチングでもっとも大事にしていることを教えてください。

池上　私の母校・大阪体育大学では、指導者を育てるために、『運動指導認定プログラム』を実施しています。必修科目が60時間、自由選択科目が8時間。私は「運動部活動の実践」という講座を担当しています。これは、ほかの先生が実践されていることですが、60時間の最初と最後に「指導で大事にしていることを、漢字一文字で表してください」という質問を投げかけています。講座を受けていく中で、コーチングに対する考えがどのように変わったのか。もちろん、変わらないことが悪いわけではありません。

――非常に興味深い問いですね。

池上　私も講座に参加して、自分自身に問いかけています。はじめのうちは『楽』と書いていたのですが、つい先日浮かんだ言葉は『感』でした。互いの考えを感じながらプレーをしてほしい。チームスポーツの楽しさはこういうところにもあると思っています。

――そのときどきで大事にしていることが、変わってくる可能性もありますね。

池上　最初の講座で『厳』と書いた剣道の指導者がいました。強くなっていくためには、やはりある程度の厳しさが必要になると。すべての講座を受けたあと、その指導者が書いたのは『愉』でした。『「楽」は少し軽い感じがしますが、「愉」は心がこもっていて、自分としてはこっちのほうが合っていると思います』と教えてくれました。

――「厳」から「愉」へ。コーチングに対する考えがかなり大きく変わったことが推測できます。

池上　以前、ジェフ市原で働いていたときに、千葉県市川市でスポーツ指導者の講習会を10年ほど担当していました。そこでも剣道の先生が参加されていて、「『池上さんは楽しむことが一番大事』とおっしゃいますが、楽しいだけでいいのでしょうか？」

と聞いてきたことがありました。私が言ったのは、「〝面！〟が一本きれいに入ったときって、楽しくて、嬉しいものじゃないですか？」ということです。その先生は2分ぐらい黙って考えたあとに、「そう言われるとそうですね」とボソッと呟いていました。楽しい気持ちが根底にあるからこそ、また試合をやりたくなるのではないでしょうか。

――小さいときに、最初から勝負の厳しさを植え付けられてしまうと、違う方向に進んでしまうかもしれませんね。

池上　おっしゃる通りです。楽しくて楽しくて、夢中になってやっていた時代があるからこそ、もっとレベルが高く、激しい競争の中でプレーしたいと思ったときにも、そっちに歩いていけるようになるのです。小学生のうちに競争を経験して、仲間とのレギュラー争いに鎬を削った結果、中学生でサッカーを選択しない子たちをたくさん見てきています。非常に残念なことです。

村中　**スポーツの世界には昔から、「苦痛神話」が信じられてきたように思います。**何かを達成するためには、苦痛を乗り越えなければいけない。それで成功したアスリートがいるのは間違いないでしょうが、その**苦痛に耐えられずに、その競技を辞め**

てしまった人もたくさんいるはずです。好きな気持ち、楽しい感情を持ち続けたまま走り抜けたほうが、目標の達成に近付くのではないでしょうか。今日見させていただいた小学生たちが、中学生、高校生になったときにどんな姿に成長しているか、今から楽しみにしています。

池上　ありがとうございます。

村中　スポーツ現場での「仕組み作り」の具現化を学べ、私自身もとても勉強になりました。まさか、サッカーの練習でゴールが４つあるとは、ましてや得点を数えないチームがあるなんて夢にも思いませんでした。随所に、池上さんが大事にされている哲学を感じることができ、すごく楽しい時間になりました。

第3章

スポーツ界に求められる指導法

大利からの問いかけ

スポーツ現場はなぜ「叱る指導」や「体罰」が起きやすいのか?

第1章では主に「叱る側」、第2章では「叱られる側」に焦点を当てて、解説してきました。ここからはその前提があったうえで、「スポーツ現場で、どのような指導や関わりが必要なのか」について、具体的にお話ししていきたいと思います。日々、子どもたちに関わっている指導者のみなさまへの、私なりのメッセージです。

叱る行為が多用されやすい2つの条件

まず、知っておいてほしいことは、スポーツ現場のみならず、叱る行為が多用されやすい環境には少なくとも2つの条件がある、ということです。

1 権力格差が明確であること
2 密室性が高いこと

スポーツ指導に関わっている方は、自身のチームの環境を思い浮かべてみてください。どうでしょうか。じつはスポーツ指導の現場は、多くの場合でこの2つの条件を満たしています。つまり、「叱りやすい環境にある」のです。

1つ目の権力格差について、スポーツには「指導者」と「選手」という立場の違いがあることで、覆すことができない権力の差が存在します。試合に出るメンバーを決めるのは監督であり、目の前の選手が優秀かどうかを決めるのも監督です。客観的な評価基準よりも、指導者の主観によって評価されているチームがほとんどではないでしょうか。

2つ目の密室性は、指導者と選手の世界ができあがっていて、周囲の目に触れにくい環境のことを表しています。第三者の目が入らないために、監督の指導がエスカレートしても歯止めをかける人がいません。

叱りやすい環境というのは、別の表現をすると「処罰欲求」が刺激されやすい環境だということです。権力がある人が正解を決め、それをチェックする人はいません。その正解から少しでもはみ出せば、恣意的に叱ったり罰を与えたりすることができる環境です。そう考えると、「叱らない」という選択をするほうがじつは難しいとも言えるのです。

親が子を教えることほど難しいものはない

この2つの条件が、じつはもっとも当てはまりやすいのが家庭内、すなわち親と子の関係性です。親・子という明らかな権力構造があり、さらに「家庭」という高い密室性が存在する。しかも、同じ空間で過ごす時間が必然的に増えるため、言わなくてもいいようなことをついついダメ出しするケースも増えてしまいます。

勉強でもスポーツでも、「親が子どもを教えることはかなり難しい」と断言しておきます。正直、おすすめしません。処罰欲求等、叱ることのメカニズムがわかったうえで、かなりの自己統制ができる親でなければ、うまくいかないことが多いと思います。もし、それでも関わりたいのであれば、保護者側が「非常に難しいことをやっている」という自覚を持つ必要があります。

スポーツの世界では、親が指導者、子が選手の関係性であっても、いくつかの成功事例がたしかに存在します。うまくいった親子は本当に素晴らしいと思いますが、万人にお勧めできるやり方ではないでしょう。目立つ成功事例はそれこそ、「生存者バイアス」の一種であり、うまくいかなかった親子のほうがはるかに多いからです。

もし、それでも親と子で頑張りたいと思うのであれば、「ここまでは子どもに要求して、ここからは何も要求しない」という線引きを明確にしたほうがいいでしょう。

たとえば、「毎日、少しでもいいので自主練習をする」ことは求めるが、「スイングスピードを○○キロに上げる」「リフティングが○○回できるようにする」などの結果までは求めない。なぜなら、結果に言及するようになると、一気に権力格差の問題が浮かび上がってしまうからです。どうしても、権力者側のコントロール欲求が湧いてきてしまいます。

野球チームやサッカーチームに入団してからも、基本的な考えは一緒です。コーチに指導を任せたのであれば、「技術的なことや結果に関しては、口出しはしない」など、親としての線引きを設けることが必要になります。介入し過ぎると、えてして関係はこじれやすくなるものです。

「叱る＝コントロール欲求の表れ」

処罰欲求にもつながる話ですが、人間は誰かをコントロールすることに快感情を覚える厄介な性質を持っています。自分の思い通りに人が動いてくれると満足し、いい気分になります。おそらく、多くの人が実生活の中で経験していることではないでしょうか。

スポーツ指導の世界で危険なのは、「自分（指導者）の指示によって、子どもたちが思い通りに動くことがうまくなる道、勝てる道」と信じ込みやすい構造があることです。それだけの権力が指導者に与えられているのです。そうなってしまうと指導者は、そこから外れた選手に対して「何をやってんだよ！」と叱りたくなってしまう。自分が信じるやり方は正しく絶対で、そうしない選手が悪いことをしていると感じるからです。「叱る＝コントロール欲求の表れ」と考えると、納得がいくのではないでしょうか。

つまり、スポーツ指導の世界にはこれだけ叱りたくなる要因が揃っているのです。その中で、どのように「叱る」を手放すか。一番失敗しがちなのは、「叱るのをやめよう。子どもたちの行動を認めよう」と、意志の強さに委ねてしまうことです。一見すると殊勝な心がけのようにも思えますが、これではうまくいきません。なぜなら、「三日坊主」という言葉もあるように、人間の意志はみなさんが思っているほど強くないからです。逆に言うと、ドーパミンには人が簡単に抗えない強い力があります。意志で何とかできる人がもしいるとしたら、相当に自分自身を律することができる人ですが、ほぼ存在しない稀な人だと思ったほうがいいでしょう。

指導者として「最上位目的」を明確に

では、どうすればいいのでしょうか。

「叱る」を手放す具体策の前に、考えるべき大事なことがあります。それは、指導者としての「最上位目的は何か?」を明確にするということです。「哲学」や「信念」と置き換えてもいいでしょう。

「何が何でも勝ちたい」
「勝つ喜びを味わわせてあげたい」
「子どもたちの考える力を育みたい」
「競技を好きになってほしい」

当然、さまざまな目的がありえると思います。

問題は目的の内容ではなく、明確になっているかどうかです。スポーツ指導に限らずですが、最上位目的が曖昧な人ほど、細かいことにこだわる傾向にあります。あれもこれも気になるので、ついつい叱りたくなってしまう。「優先順位が整理されていない」状態だと言うこともできるでしょう。

私が出会った優れた指導者は、さまざまな行動を最上位目的に結びつけて考えている共通点があるように思います。

今回の対談で初めてお会いした仙台育英高の須江航監督は、「選手自身で課題を見つけて、自ら創意工夫できる選手を育てる」という想いをもっとも大切にされていると感じました。日頃の練習メニューや言葉がけも、すべてがそこに紐づいているわけです。サッカー指導者の池上正さんからも、同じことを感じました。自ら考えて、行動に移せる子どもたちを育てていきたい。「そのために今、どんな練習をしたらいいか」を、明確に持っていました。

読者のみなさんであれば、最上位目的は何でしょうか？

「どんな手段を使ってでも、自分の指導によって勝たせたい」という考えも否定はしません。それぞれの価値観があって、当然のことです。ただ、その前提条件の中で、「叱る」を手放すことは正直難しいかもしれません。つまりそれは、子どもたちが将来、自分で考えて戦える選手になる確率を下げてしまう関わりであることは、お伝えしておきたいと思います。

「右向け右」で指示に従う時代はもう終わっている

指導者として「最上位目的」を考える際に、目の前の子どもたちが将来どんな社会に羽ばたいていくのかという、社会構造の変化や時代の流れを知っておくことも重要です。どんな時代にも社会のニーズが存在します。社会がどんな人材を求めているのか。それによって、指導のあり方や教育のあり方も影響を受けるものです。

たとえば戦争があった時代は司令官の号令のもと、一糸乱れぬ行動をして、「右向け右」で指示に従う人間が求められたと想像できます。そこでは個人の主体性はむしろ、作戦遂行を阻害する邪魔なものとして捉えられるでしょう。また工場の中で手作業の同じ動きを繰り返す、いわゆる「ライン工」が働き方の中心だった時代も同じです。誰かが違う動きをすると、すべての流れが止まってしまう。そこで求められたのは、「個性」よりも「均一化」や「平準化」だったことでしょう。誰が作業をしても、マニュアルに沿って、同じように品質を保持する必要があったからです。

今はどんな時代でしょうか。

すくなくとも、大人が「誰かの指示によって一律一斉に行動する」ことが求められる場面や仕事は、今はもうほとんど残っていません。そんなことが求められるのは、子どものうちだけです。さらにはAIや科学技術の進化により、必ずしも人間がやらなくてもいい仕事が増えています。5年先や10年先に、どんな新しい仕事生まれ、今ある仕事のどれが残っているのかさえ、誰にもわかりません。

そんな時代に、誰かの指示を待つようになってしまう指導が必要でしょうか?

戦争が起こったり、号令に従って横並びで働く職場の時代に戻したいのならば、話は別かもしれません。ですがそうでないならば、ネガティブ感情で選手をコントロールして勝とうとする指導は、子どもたちのためではなく指導者の欲求の充足のために行われていると言わざるを得ないのではないでしょうか。

もし、私がスポーツチームの指導に関わるとしたら、最上位の目的として「子ども自身が自分で考えて、自分たちで強くなるチーム」を掲げます。大人の仕事はそのための環境を整えることと、子どもたちが困ったときに手を差し伸べ、相談に乗ることだけだと思うのです。好きなスポーツを通じた創意工夫の経験が、社会に出たときにも役立つとはずだと、私は思っています。

大利からの問いかけ

「叱る指導」を手放すためにはどうすればいい？

先ほど説明したように「叱らないようにする」「叱りたくなっても我慢する」などといった精神論や、意志の力に頼る方法は、まずうまくいかないと思った方がいいと思います。

それよりも確実なのは、そもそも「叱りたくなる場面を減らす」こと。つまり、チームの中に存在している「権力格差」と「密室性」を緩めていくことです。これらは前述した通り、叱る指導が多用される2つの前提条件です。だから、逆にそこを変えていくのです。どう工夫するか具体的な方法や施策を考えることが、指導者の腕の見せ所となります。

権力勾配を緩やかにする

スポーツ指導において、特に重要なのは「権力格差」への対応です。監督（コーチ）と選手の立場がある以上、権力格差を完全になくすことはできません。私がおすすめしているのは、「権力勾配を緩やかにする」という考え方です。たとえば、最終的に監督が試合に出るメンバーを決めるとしても、そこに至るまでのプロセスにおいて、データや数字を用いたりして客観性を持たせる。それだけでも、選手側の納得度が変わるはずです。つまり監督の権力の一部を、客観的データに担ってもらうという考え方です。

須江監督はこのやり方が非常にうまいと感じました。個人測定や練習試合のデータを基に、「この数値をクリアしないとメンバー争いには入れないよ」とある程度の目安を設けていて、指導者の主観が入りにくいシステムにしていました。

さらに、メンバー選考の発表日にいきなりメンバーを出すのではなく、タイミングを見ながら途中経過を伝えて、現状の立ち位置がわかるようにしていると聞いて、感心しました。

メンバー選考において、完全に監督の主観を排除するのは無理だと思いますが、何割かでも監督の手から離すことによって、権力勾配を緩やかにすることはできるはずです。

カギは「自己決定感」にあり

言うまでもなく、監督（コーチ）は「権力者」です。

それが良い悪いという話ではなく、組織の構造上そうなるのは仕方がありません。それゆえに、指導者側は権力者であることを〝自覚〟して、可能な範囲で選手に決定権を委ねていくことが、子どもたちの主体性を育むとともに、「叱る指導」を手放すにつながっていくのではないでしょうか。

たとえば、練習メニューひとつ取っても、指導者がすべてを決めるのではなく、選手に委ねてもいい部分があるはずです。「自分たちでメニューを考えなさい」と丸投げするのが難しい場合、3つや4つの選択肢を提示したうえで、どれを選ぶかは選手に任せるという方法もあり得るでしょう。この自分で決める「自己決定」こそが、人が冒険モードに入る重要な前提条件でもあり、内側から湧き上がるモチベーション（内発的動機づけ）にもつながっていくのです。

さらに厳密に言えば、こうしたプロセスは「自己決定」ではなく、「自己決定感」と表現したほうが正しいかもしれません。本来的な「自己決定」は、あらゆる選択肢の中から自由にその人が決めることであり、選択肢自体を生み出すことも含まれる概念です。それに対して「自己決定感」は文字通り、「自分で決めていると感じる」、主観的な感覚を指す言葉です。じつは、重要なのは選手たちの主観的な体験のあり方です。先ほどの方法ならば、選択肢を提示しているのは大人のほうなので、主導権は大人が持っています。それでも選手側は、指示されたことに従うよりも、はるかに「やりたいことを選べている」という感覚になるでしょう。

元水泳選手の萩原智子さんが対談の中で、自己決定の大事さについて触れながら、「一番は、人のせいにできなくなること。誰かに決められたことだと、絶対に逃げ場ができてしまう」と語ってくれています。

まさにその通りです。指導者が指定したメニューで結果が出なかった場合、心のどこかに、「コーチから言われた通りにやったのに……」という逃げ道が生まれてしまう可能性があります。自分で決めたことであれば、言い訳はできません。

日頃から、自己決定感が担保されていれば、ほかのところで監督主導で決定する場面があったとしても、そこまで不満は出ないものでしょう。すべてにおいて、指導者からコントロールされていると、選手が冒険モードになることは難しいでしょう。

他人にサイコロを振られるつまらなさ

自分で決定したほうが物事に前向きに取り組めることは、誰もが人生経験の中で実感してきたはずです。

特に子どもにおいては、「自己決定できる喜びは、大人が思っている以上に大きい」と思ったほうがいいでしょう。裏を返せば、「誰かに指示を出されるほど、つまらないものはない」と言うことができます。

私がわかりやすい例として挙げるのが、すごろくです。多くのすごろくはシンプルなゲームで、一本道をサイコロの目に従って進みます。すごろくを楽しめるのは、自分でサイコロを振るからです。自分で振った結果だから、「1回休み」でも「全財産没収」であっても受け入れて一喜一憂することができるのです。他人にサイコロを振られたら、ほとんどの人が途端に面白くなくなるでしょう。

それはじつは人生も同じです。自分でサイコロを振る（自己決定する）からこそ、良いことも悪いことも自分の人生として引き受けることができるのです。そしてそれは、冒険モードで生きていくために、絶対に必要な主観的感覚でもあります。指導者や保護者のみなさんには、ぜひとも頭に入れておいてほしい考えです。

自分に合ったやり方を見つけていく

自分で決めて、自分で選ぶことの重要性は、人の多様性の視点からも説明することができます。私は「はじめに」でお話ししたとおり、勉強が苦手な子どもたちの学習支援の取り組みに臨床心理士としての原点があります。

私たちが立ち上げた『あすはな先生』は、一般的な塾や家庭教師とはまったく違ったスタンスを取っていて、保護者と子どもに「ここは、自分に合った学び方を学ぶための場所です」とはっきりと伝え、納得してもらってからご利用いただきます。

このマインドセットがとても重要なのです。なぜなら、受験のテクニックを身につけたり、目の前のテストの点数をとにかく上げたりしたいのなら、私たち以外のところに通ってもらったほうが良いと思っているからです。じつは「学び方を学ぶ」過程で、テストの点数が上がる子どもも多くいるのですが、それが目的ではありません。

ではなぜ、「学び方を学ぶ」ことにそこまでこだわるのか。

私の専門であるニューロダイバーシティー（脳の多様性）の話になりますが、万人に共通する唯一絶対の学び方など存在しないからです。それぐらい、人間の脳や神経は、多様で複雑なものです。全員にとってベストな方法はありません。これはきっと、スポーツの練習の方法や取り組み方も同じはずです。

私たちは、多くの子がうまくいくやり方を見つけると、人類共通でうまくいくやり方だと思ってしまいがちです。仮に8割の子がうまくいく指導法を見つけたら、それはもう最高の方法だと思うでしょう。そしてできなかった残り2割の子は、「真面目にやっていなかったからだ」「努力が足りないからだ」と考えるようになります。それこそ、ひどく叱りたくなることもあるかもしれません。その結果その子は劣等感を抱いてしまい、苦手意識を持つようになります。けれど大人側が、「そのやり方が合わなかっただけかもしれない。この子に合う方法が別にあるはずだ」と発想を転換できれば、救われる子どもたちがたくさんいるのです。

一例として、漢字の学習法があります。

全国どの学校や塾でも行っているのが、同じ漢字を10回、20回とノートに書き写す方法で、古くから、「漢字は書いて覚える」ものでした。たしかに書くことで覚えられる子どもは多いですが、そのやり方ではまったく覚えられない子も実際には存在します。

そんなときは、学び方を少し変えてみる。たとえば、フラッシュカードのようにして、漢字を目で見て覚えるやり方もあれば、数え歌のようにして口で唱えながら覚えていく方法もあります。漢字を覚える方法は、決して書き取りだけではないのです。

だから大人側が、「こうやって勉強しなさい」と方法論までコントロールするのではなく、「どうやったら覚えられるか、いろいろな学び方を試して自分でやり方を見つけてごらん」と子どもに委ねることが必要です。そうすることで、子どもたち自身で試行錯誤しながら学習するようになります。

長年、多くの子どもたちと接する中で、それこそが学び方を学ぶための「最良の状態」だと思うようになりました。大人が合う方法を見つけて「この方法があなたには合うから、こうしなさい」と指導するやり方には限界があります。子どもたちの自己決定に委ねることで、時には大人が思いつかないような方法を見つけて、「それ、面白いな」と感心させられることもあります。ここから言えることは、達成したいゴールは一緒であっても、「そこに至るまでの道筋は無数にある」ということであり、「答えは子どもたちの中にしかない」ということです。

ここでもう一度、「叱る」の定義を思い出してください。1 ネガティブ感情を与えて、2 思い通りにコントロールしようとしている。

「コントロール＝方法論を限定する」と言い換えることができます。「叱る」を手放すためにも、子どもたちに決定権を預け、試行錯誤しながら、自分に合った方法を見つける時間を設ける。大人が思う以上に、子どもたちの想像力や感性の豊かさが発揮されるはずです。私の体験から学習支援を例に出して説明しましたが、全く同じことがスポーツ指導においても言えるはずだと私は考えています。

「選択できる権利＝人権」を誰しも持っている

ここで「自己決定」について、別の角度からも考えてみます。

「自己決定」を尊重することは、つまり「選択できる権利」を尊重することです。そう整理すると、その根本にあるのは人間一人ひとりが持つ「人権」であることがわかります。池上正さんとの対談の中でも話題に挙がっていますが、日本人は人権を「権利」としてではなく、思いやりや優しさとして捉えている人が多いように思います。

臨床心理士として何人もの親子に関わってきましたが、子どもが何も「選ばせてもらえない」という場面に何度も遭遇してきました。先生と生徒の関係でも、それは同じです。子どもを、子どもとしてしか見ていない。子どもは大人が言ったこと、決めたことに従うのが当たり前なので、選択肢すら提示されない。でもそれはイコール、子どもの人権を奪っているのと同じことなのです。

大人が決めたほうがいいことも、もちろんあります。ただそれでも、「子どもに任せたうえで、どうしてもできないことは親や大人が助ける」というのが基本的な大枠であるべきです。ですが、現実では逆になっていることが多いのではないでしょうか。原則、大人が決めて、ほんの一部分だけを子どもに任せている。その場合、「子どもの権利を認めてあげている」と表現されることが多いように思います。けれど本来は、誰もが人権を持っていて、やりたいことを選べるのが当たり前です。だから、「認めてあげる」という考えもまた違うのです。

大利からの問いかけ

自己決定感を育むために指導者に求められることとは？

勘違いしてほしくないのは、何も「1から10まで選手にメニューを決めさせましょう」と全てを任せる提案をしているわけではありません。たとえメニューの一部でも、選手を信頼して、預ける余白を残しておきましょう、という話です。大切なことは、子どもたちの「自己決定感」を損なわない対応をすることです。

本来的な意味のコーチングが必要

人間の心理として、誰かから指示を出されると不満や反発が出ますが、「自分たちで考えてやるように」と言われると、それはそれで不安な感情も出てくるものです。

「これで良いのかな？」
「もっと別のやり方のほうがうまくいきそうな気がする」
「インターネットや雑誌で調べてみるか」

ここから、試行錯誤や創意工夫が始まっていきます。当然、うまくいかないことも出てくるでしょうが、その時間こそが人を育てるために大切であり、まさに試行錯誤の時間になります。

そして、本当に困ったときは、指導者に頼ってくることがあるでしょう。そのタイミングで、本来的な意味の「コーチング」の役割が生まれてくるのです。「どんな練習方法がありますか？」と選手から相談を受けたときに、「こんな方法があるよ」といくつかのメニューを提示できれば、選手との信頼感も深まるでしょう。結果的に、同じメニューをやるにしても、指導者側から与えるか、選手側から求めるかでは大きな違いがあるものです。

教育現場の例になりますが、名古屋市立山吹小学校でとても興味深い取り組みをしています。子どもたちが自分でそれぞれの計画を立て、一人ひとり異なる内容、学び方で授業時間が構成されているのです。私が見学させてもらった4年生の授業では、こういった学び方の時間は総授業時間の4割に及ぶと聞きました。子どもたちは一週間分の計画表を作成し、それに沿って学習を進めていくのですが、とても主体的で自律的な姿が印象的でした。授業開始のチャイムすら鳴らないのに、時間になれば、生徒一人ひとりが自分の課題をおもむろに学び始めるのです。

その中で、困ったこと、わからないことがあったときに、先生に聞きに行きます。先生は計画の修正のアドバイスをしたり、ヒントになる教材を渡したり、ティーチングではなく、コーチングの役割を担っていました。単純な学習内容の疑問については、子どもたち同士で教え合う姿も多く見られました。

主体的な学びの話をすると、「進学校だからできること」や「子どもにはまだ早い」

という声が聞こえてきますが、本当にそうなのでしょうか。子どもたちは大人が思っている以上に、自分で考える力を持っているものです。

「練習をしない」という選択肢を設ける

驚かれる方もいると思いますが……、選手たちに自己決定感を感じてもらうために「練習をやらなくてもいい」という選択肢を設けることをおすすめします。

第2章で紹介した麹町中の取り組みを思い出してみてください。あの取り組みは、「やらない」選択肢を徹底的に尊重していました。ここが非常に重要な観点で、「やらなくてもいい」〝権利〟があるからこそ、「やる」と決めたときに大きなエネルギーが生まれるのです。やらされる圧力が消えたときにしか、冒険モードの芽は出てきません。

練習に対する取り組みの甘さに、叱りたくなる指導者が多いと思います。その場合、「練習をする圧力を高めなくては」と考えがちですが、そもそも「練習をやること」が前提になっているため、主体的になれない矛盾が生まれているとも考えることもできるのです。この矛盾は「やらそう」とする圧力を高めれば高めるほど顕著になります。

勇気のある指導者は、落ち着いたやさしいトーンで「明日の練習は、来たい人だけ来てください。メニューも自分で考えてきたものに取り組んでもらいます」と提案してみてください。30人の部員がいたときに、どれぐらいの選手が自主的にグラウンドに来るでしょうか。そして嬉々として、自分なりのメニューで練習する選手はいるでしょうか。個人的には5割の選手が来たら、優秀な指導者だと思います。数名しか来ない場合は、指導方法を考え直したほうがいいかもしれません。

短期的な勝利にこだわらない

ここまで提案した指導法に関わるのが、前述した「最上位目的は何か」という話です。短期的な勝利が目的ならば、委ねるやり方は合わないでしょう。指導者自身がイライラして、口出しすることになりかねません。その瞬間、コントロール欲求を抑えきれなくなり、叱る指導がより強くなる可能性があります。子どもたちにとって、指導者からやらされている中での試行錯誤は苦痛でしかありません。

さまざまな経験を持つ大人であれば、「その道を進むとうまくいかないんだよ」とわかっていたとしても、そこに進むことに意味があるのです。未体験のことを実体験することによって、自ら気付くことがたくさん出てきます。「安全に小さく失敗する体験」を、できるだけ若いうちにたくさん経験することが大切です。

指導者がコントロール欲求を手放し、選手に決定権を預ける指導法で成果を出すには、時間がかかる場合が多いことを覚悟しなければなりません。極論を言えば、中学や高校の指導者であれば、「自分が指導している3年の間には、結果が出ないかもしれない」と割り切る必要があるでしょう。もっと言えば「自分が見ている間に結果が出るかどうかはどうでもいい、選手の将来のほうが大事だ」と考えていないと、うまくいかないように思います。

若いうちに主体的に行動し、試行錯誤する体験はとても貴重です。仮に競技生活を早くに終えたとしても、子どもたちが生きていくうえでの拠り所や原点になるでしょう。目指すところは、「今」ではないということです。結果を急いで良いことはありません。

「目標」と「目的」を分けて考える

チームにも個人にも目標があると思います。

「インターハイ出場」「甲子園出場」「県大会出場」と、そのチームのレベルや環境によって、さまざまな目標があるはずです。さまざまなルートを模索しながら、そこに向かって努力します。インターハイを目指すか、日本一を目指すかでは、道のりの険しさは当然変わってくるでしょう。目標の難易度が高いほど、「要求水準」が高くなり、本来的な意味の「厳しい指導」となるわけです。

そのときに指導者として気を付けたいのは、目標と目的を分けて考えることです。監督の思い通りにコントロールしたい気持ちが強くなると、いつしかインターハイに出ること自体が目的になり、「何のために指導をしているのか」という本来の目的を忘れてしまいがちです。いかなるときも、最上位目的を頭に入れながら、指導することが必要になります。

選手に視点を置き換えても同じことが言えるでしょう。「全国大会に出たい」という結果目標だけを追いかけていると、結果が出なかったときに自分自身の取り組みを否定することになりかねません。何のためにスポーツをやっているのか、スポーツをすることでどんな人になりたいのか……、目的を整理しておくことで、結果以外の成長にも目を向けることができるはずです。

大利からの問いかけ

密室性を解くためのカギとは？

叱る指導に陥りやすい2つ目の要因である「密室性」についても、取り組めることが多くあります。

第三者の目を積極的に取り入れる

密室性を緩める一番のカギは、外部との交流を増やしていくことです。

特に部活動の場合は、教員が指導を担っていることが多く、学校でもグラウンドでも体育館でも顔を合わせるとなると、ますます密室性が高くなります。だからこそ日常的に練習を見ている監督やコーチとはまた違う、第三者の目を積極的に取り入れていくことが求められます。一般的には、トレーナーや外部コーチ、卒業生などが候補に挙がると思います。

子どもの心理を考えると、いつも見ている大人とは違う関係性の人がいると、話を聞きやすくなるものです。あまり緊張せずに、話せることも増えるでしょう。

子どもの成長には、さまざまな大人との関わりが重要になるのは言うまでもないことです。「あの子、こんなところが優れている」などと、指導者ひとりでは気付かなかった視点が入るようになり、選手に対する評価が複数存在するようになります。

また、組織（チーム）の発展を考えたときにも、新しい人材を入れることによって、「慣れ」や「マンネリ」を防ぐことができ、プラスの効果が期待できると言えるでしょう。

複数指導者の役割を考える

一方で、「複数の目があればいい」という単純な話ではないのが、密室性を緩めるための難しい面でもあります。

スタッフの構成を考えたときに、監督ひとりだけですべての面倒を見ているチームは少ないと思います。クラブチームであれば、代表、監督、コーチ、マネージャーらがいて、学校の部活動であれば、監督、部長、副顧問といった形で、複数の大人がチームの指導に関わっていることでしょう。

「権力の分散」にもつながる話ですが、大人が複数いたとしても、監督がすべての決定権を持っていれば、構造は同じことです。コーチは監督の言うことを聞くのがメインで、表現は悪いですが、それでは「監督の分身」に過ぎません。

権力を分散させるには、ほかのコーチや副顧問に、一部の決定権を任せたり、役割分担を明確にしたりする必要があります。たとえば、コーチがスタメンを決める権利を持ち、コーチがある一部分の技術指導を担う、ということです。

スポーツチームだけに限らず、どんな組織においても権力が一極集中すると、コントロール欲求が暴走したときに歯止めが利かなくなってしまいます。人数として複数の目があっても、実態として密室状態になってはいけないのです。

大利からの問いかけ

ダメだとわかっていても「叱る」を手放せない理由は？

ここまでお話ししてきたことは、じつはすべて「仕組み」に関わることです。自己決定権を尊重することも、密室性を緩めることも、指導者側の仕組みひとつでいかようにも工夫ができます。「優れた指導者は仕組み作りがうまい」と断言してもいいでしょう。

結論めいたことを言えば、「指導者の気持ちや言葉で選手をコントロールするのではなく、仕組みで選手をマネジメントする」。これができれば、「叱る」を自然に手放すことができるはずです。

「言葉」ではなく「仕組み」で対応する

どうしても叱る指導を手放せない人は、自チームの「仕組み」に着目してみてください。

そもそも、叱りたくなるような「場の設定」になっていないでしょうか？

一列に並んで挨拶をすること、一糸乱れぬ輪を作って指導者の話を聞くこと、グラウンドをダッシュで移動すること……、そこにどんな意味があるのかを問い直していただきたいのです。具体的には、「最上位目的」につながる取り組みかを検証する必要があります。何となくの伝統やしきたりでやっていたとしたら、見直す必要があるでしょう。

監督の話を聞きに来るために、走って行くことが「当然」の環境。そこでダッシュで移動していない選手を見たら、叱りたくなるのは「当然」だと思いませんか。叱りたくなるポイントを増やしているのは指導者側であるわけです。「叱りたくなる状況を作っている時点で、場の設定が間違っている」というのが私の考えです。優れた指導者は、言葉や指示ではなくて、仕組みやルールで技術が伸びるような仕掛けをしています。子どもたちのやる気が見えないのも、練習に対する集中力が乏しいのも、すべての原因は仕組みにあると考えてみましょう。

たとえば、「ちゃんと考えてプレーしなさい！」と叱りたくなったら、「考えてプレーができるような環境やルールになっていなかったか……」と、自分自身にベクトルを向けてみてください。選手たちを叱るよりも先に、やるべきことが見つかるはずです。

選手たちに自己決定を預ける中でも、うまくいかないことが必ず出てくるでしょう。そのときも、「やっぱりこっちで決めて指示しなくては」と思うのではなく、「どういう仕組みにすれば、もっとうまく進んだだろう」と考えてみてください。仕組みそのものが間違っていたのか、あるいは選手に意図や狙いがちゃんと伝わらず、説明不足だったのか。改善の余地がどこかにある、ということです。

仕組み作り＝ルールメイキング

チームの仕組みは、修正、変更できることが重要です。「一度決めたことを、ずっとやり通さないといけない」なんてことはまったくありません。最初は指導者主導で作ったとしても、改善したい場合は選手からも要望を出せるようにしておくといいでしょう。

近年、学校の校則を生徒たちの手で変えようとする取り組みが広まっています。「ルールメイキング」とも表現されますが、子どもたちはルールを作ることに慣れていません。なぜなら、小さい頃から大人側に決定権があり、自分自身で自己決定をしてきた経験が圧倒的に少ないからです。

面白いもので、自分たちの手で校則を作ろうとすると、今まで以上に厳しい校則にする生徒がいるそうです。おそらくは、ルールで厳しく縛られることに慣れてしまっているからではないでしょうか。

ルールメイキングをするときは、ある程度の下準備が必要で、大人側が人権に関する話をしたり、校則（ルール）とはどういう意味のものかを伝えたりしたうえで、考える時間を作ったほうがいいでしょう。最初に関しては、ある程度、大人の手助けも必要になると思います。

自分の状態を理解したうえでの仕組み作り

仕組み作りとして、こんな一例もあります。

叱るを手放したいならば、叱る側の抱える苦痛にも目を向けた仕組みでなければなりません。家庭でうまくいかないことがあった、職員室でトラブルがあった、生徒との関係がうまくいっていないなど、何らかのストレスを抱えているときに、そのフラストレーションが選手に向かってしまうことがあります。スポーツ指導の時間が、悪い意味でのストレス発散になっていることもあるのではないでしょうか。

おそらく、大人になれば機嫌の悪さは自覚できると思います。「今日の私は怒りっぽいかもしれない」と感じるのであれば、選手と真正面に向き合う場面を減らすことを考えましょう。

その日の指導をコーチに全面的に任せるのもひとつの方法です。また、面と向かって何かを言い始めると怒りっぽい口調になるのであれば、必要なフィードバックは個人個人のノートに書き記してもいいでしょう。言葉では強くなりそうな発言であっても、文字で表現しようと思えば、冷静になれるはずです。

子どもたちからすると、「今日の監督、機嫌が悪いな。怒られるような行動は取らないようにしよう」という雰囲気はすぐに察知するものでしょう。それだけ、子どもは大人のことをよく見ています。でも、子どもに気を遣わせている時点で、指導者と選手の関係性として良くないことは、誰でもわかるはずです。

自分の感情をコントロールすることは難しいですが、仕組みを工夫することによって、指導法をコントロールすることは可能です。自チームの仕組みを今一度、整理してみてください。

大利からの問いかけ

「叱る」に代わる指導法とは？

ここまで、「叱る」を手放す具体策についてお話ししてきました。
ただ、おそらく多くの人が、「決定権をそこまで子どもに委ねて、本当にうまくいくのだろうか」という疑問を持つのではないでしょうか。

「それは甘やかしではないのか」
「我が儘になってしまうだけではないか」
「打たれ弱くなってしまうのではないか」

その気持ちは十分にわかるので、本章の最後に重要なポイントを記しておきたいと思います。

フィードバック＝鏡に映す

よくある誤解ですが「叱らない＝必要なことを伝えない。すべてのことを自由にさせていい」という意味では、決してありません。

その子どもにとって必要なことは伝えるべきですし、社会的な要請やルールについてもしっかりと学んでもらう必要があります。ただそれを、「ネガティブ感情を与えて、思い通りにコントロールする方法」以外のやり方ですれば良いのです。

その中でもっとも重要で難しいやり取りは、子どもたちにとって耳の痛いことを伝えること、つまりネガティブフィードバックです。今時の言葉で表現すれば、「ダメ出し」でしょうか。選手としてできていないことや、要求水準に達していないことを伝えることは、一見すると「叱る指導」とよく似ているように思えます。だから「叱ませんる指導を手放そう」と言われると、ダメ出しもできなくなるのかと思われるかもしれません。

しかしながらそうではありません。フィードバックとは「鏡のように自分の姿を知ること」です。見たくない自分の姿が映し出されるとき、それがネガティブフィードバックと呼ばれます。耳の痛いフィードバックは、人が学び成長していくうえでどこかのタイミングで必ず必要になる、大切な体験です。

そのうえで大事なのは、ネガティブフィードバックのあとに、相手の行動をコントロールしようとしないことです。見たくない現実を突きつけられると、多くの場合で嫌な気持ちになります。だからこそ、「(指導者の)思い通りにしたくて伝えているわけではない。この現実に対してどうするかを決めるのはあなただ」と丁寧に伝えることが求められるのです。

このあたりも、須江監督が非常にうまいと思います。個人面談でデータに基づく現状の課題を伝えているそうですが、これは立派なネガティブフィードバックです。でも、そこからどんな練習に取り組むかは、選手自身に任せられている部分が多く、自由度が高い。そのため、選手側は「叱られている」と感じることが少ないはずです。

コントロール欲求が高い人間の心理を考えると、ネガティブフィードバックとその後の方法論をセットで考えてしまう人が非常に多くいます。

「おまえはだめだ。だから私の言う通りにしなさい」

「大多数」と言ってもいいでしょう。選手からすると、「相手にコントロールされている」と感じたところで、試行錯誤するエネルギーが奪われていき、学習性無力感に近づいていくことになります。

「最近の子は打たれ弱い」の真実

「最近の子は叱られることに慣れていないため、打たれ弱い。ちょっとのことで落ち込んでしまう」という話を、今まで何度も聞いたことがあります。言いたいことはわかりますが、これは本当に「叱られていない」から起きるのでしょうか。

じつはこのテーマ、拙著『「叱れば人は育つ」は幻想』の中原淳先生（立教大経営学部教授）との対談で、かなり深掘りした問題です。中原先生は適切なフィードバックを研究されていて、著書に『フィードバック入門』（PHPビジネス新書）などがあります。

「叱られていないからではなく、適切なフィードバックを受けていないから」

これが中原先生との対談で、とても腑に落ちた私なりの結論です。

「叱ってはいけない」が誤解されて、小さい頃から適切なフィードバックを受けていない子はたしかにいます。言うなれば、鏡を一切見たことがない子と同じ。鏡を初めて見たとき、自分のぼさぼさの髪の毛にショックを受けるかもしれません。似たようなことが、日常の中で起きていると考えると、わかりやすいのではないでしょうか。

「フィードバック」と「叱る」の大きな違い

繰り返しになりますが、フィードバックとは鏡のようなコミュニケーションのことです。鏡の役割は、その人自身をそのまま映しだすことです。子どもたちの「メタ認知」や「自己認識」を育むために、とても貴重な経験となるでしょう。だからこそ、指導者は「鏡」に徹しなくてはなりません。

鏡が、次の行動を命令することはありません。

ここが大きなポイントです。子どもたちが自分の課題を自覚するために、時にはハッとするようなフィードバックが必要なときもあるかもしれません。でもそこに落とし穴があるのです。

ビクッとなるような強烈なインパクトを与えることによって、「これまでの行動を変えないとうまくはいかない」と選手が感じることがあるでしょう。それだけの刺激を与えたあとならば、選手は指導者の思い通りの行動を取る可能性が高くなります。だからこそ、そこで「これからどうするかは、あなた次第なので自分で考えて決めなさい」と言うか、「この練習をやらないとお前は勝てない！」と行動を限定するかでは、大きな違いがあるのです。

コントロール欲求が加わった瞬間に、それは「フィードバック」ではなく「叱る指導」になります。どれだけ鏡に徹することができるか。指導者側も、フィードバックの能力を磨かなくてはいけません。

面と向かってのフィードバックでは、コントロール欲求が湧いてしまう自覚があるのなら、ノートを鏡の代わりに使って、現状の課題を書き記す方法を取ってもいいでしょう。また、プレーの映像を撮影したビデオを見せて、選手同士で「これから何が必要か」を話し合うのも効果的だと思います。仕組みや方法を工夫することで、コントロール欲求を遠ざけることをお勧めします。

最終の第4章では、現場の指導者や保護者から届いた質問に対して、私の視点で回答をしていきます。現場にいるからこその悩みがあると思います。「叱るのは効果がないとはわかっているけど……」と感じている指導者も、きっと多いことでしょう。何かひとつでも、みなさんの指導に役立つ考えを提案できたらと思います。

特別対談

村中直人、元競泳日本代表選手に会いに行く

萩原智子

シドニーオリンピック女子競泳日本代表　日本水泳連盟理事

指導者から預けてもらえた「自己決定権」勝敗を超えて気付いたスポーツの価値

現役時代は〝ハギトモ〟の愛称で親しまれ、シドニー五輪出場や日本選手権四冠など、競泳選手として多くの偉業を成し遂げた萩原智子さん。自身の現役時代を振り返り、小学生の男の子を持つ母となった今だからこそ語れる「スポーツの本当の価値」とは？

プロフィール

はぎわらともこ 山梨県甲府市出身。きっかけは小学2年生の時、海で溺れたことで水泳を始める。中学3年生時に、200m背泳ぎで当時日本歴代2位となる日本中学新記録樹立。高校インターハイでは、200m背泳ぎで3連覇。2000年シドニー五輪200m背泳ぎ4位、200m個人メドレー8位入賞。2002年日本選手権で史上初の4冠達成。2004年現役引退するも2009年に復帰、30歳にして日本代表に返り咲く。現在はスポーツアドバイザーとしてスポーツ団体等の役員を務めながら、メディア出演や講演活動等も行う。山梨県・福島県・愛知県春日井市で萩原智子杯水泳大会を開催。水泳の普及活動をはじめ、水の大切さと感謝の思いを伝える「水ケーション」の活動にも注力する。

「前さばき」と「過保護」の違いは「自己決定権」の有無

——まずは、萩原さんにお聞きしたいのですが、『〈叱る依存〉がとまらない』を読んで、どのような感想を持ちましたか。

萩原　「前さばき」と「後さばき」という言葉が、とても印象的でした。なるほど、と。あれは、村中先生が作られた言葉ですか？

村中　日本語としてはもちろん存在しますが、「叱る」に関わる文脈の中で使い始めたのは私が最初だと思います。

萩原　本当にその通りだなと思いました。益子直美さんが主宰されている『監督が怒ってはいけない大会』にも参加させていただいていたのですが、当日、子どもも指導者も一緒に大会の主旨やスポーツマンシップを学んでからスタートします。考え方としては「前さばき」の部分に当たるのかなと。大会の内容と書籍の内容がマッチしていて、答え合わせをしているような感覚でした。私自身、小学4年生の息子がいて、親としてうまくできているのかなと考えてしまいますね。私は先の予測をしすぎてしまうところがあるので、「前さばき」をやりすぎている可能性もあるかもしれません。アスリートはどうしても、最悪の事態を想定してしまうところがあるので。「こういうことには気を付けたほうがいいよ」と遠回しに伝えますが、「過剰な前さばき」にならないように注意しないといけないですね。

村中　萩原さんがおっしゃっていることは、「〝前さばき〟と、いわゆる〝過保護〟の線引きはどこにあるのか」という話につながると思います。『〈叱る依存〉がとまらない』の読者からよくいただく質問でもあるのですが、2つの大きな違いは、「そこに自己決定が存在しているか」に尽きます。萩原さんが先のことが見えすぎるゆえに、お子さんにさまざまなことを伝えていたとしても、何をどうするかの**最終的な自己決定が奪われていなければ、「過保護にはなりにくい」**と思います。

萩原　良かったです、安心しました。親として、自己決定権は大事にしているところです。たとえばですが、何かを買うときにも、「青がいい？」「赤がいい？」と聞いて、息子に決めさせています。

——選択肢を提示しているわけですね。

萩原　パターンを伝えることもよくあります。「ママ、どうしよう？」と聞かれたときに、3パターンぐらい提示して、「こっちを選んだらこういうことが考えられるけど、どうする?」という感じです。息子が、どのような考えで自己決定しているかはわかりませんが、最後に決めるのは本人。そこは口を出さないように我慢をしています。もちろん、ストレスを感じるときもありますが(笑)。

村中　**子どもが迷っていたり、どうしていいかわからなかったりするときに、「こうすればいいでしょう」と親や指導者が決めてしまうと、子どもの自己決定感は揺らいでしまいます。**萩原さんのように選択肢を提示するのはうまいやり方で、私もおすすめしていることです。ひとつのテクニックとして、「こっちは選んでほしくない」という選択肢はあえて隠して、「この範囲内なら何でも大丈夫」という考えの中で提示する方法もあります。**環境調整というか、選択肢の調整をしていくのも、親の役割になる**かもしれません。

選手時代に実感した「自己決定」の大切さ

萩原　息子に選択肢を提示しているのは、現役時代にコーチから受けてきた指導の影響がものすごく大きいと思います。神田忠彦コーチにずっと教えていただいたのですが、記録が伸びないときや結果が出ないときに、コーチが選択肢の幅を広げてくれました。それで、とても助けられたことが多かったんです。大会が終わったあとには、結果が良くても悪くても、「どうだった?」「どう思った?」「じゃあ次どうする?」と、常に疑問形で投げかけてくれる。自分で考えて、自己分析する習慣が身についたことは、とてもありがたかったです。

――練習メニューも、萩原さん自身でプログラムできたのですか?

萩原　小学生から中学2年生ぐらいまでは、コーチから与えられた練習をこなすだけでした。その頃はまだ知識も少ないので、とにかく一生懸命に泳ぐだけ。大きな転機になったのが、中学3年生の終わり頃。ものすごい反抗期になったんです。反抗期の対象が親ではなく、すべて神田コーチに向かって、ものすごかったんです。ビート板を投げられたら、コーチに投げ返す、みたいな(笑)。反抗期が終わったとき、神田コーチときちんと向き合えて、自分の弱さを出せるようになり、「こういう練習をしてみたい」とディスカッションできるようになりました。

村中　神田コーチからは、どれぐらいの期間、指導を受けていたのですか?

萩原　小学2年生から32歳までです。途中、競技を休んでいるので、4年ほどのブランクはありますが、選手時代のほぼすべてを神田コーチに見てもらっていました。

村中　ものすごい歴史ですね。小学2年生からとなれば、スポーツの世界での親代わりというか、それだけ長い時間をともに過ごしたからこそ、神田コーチに反抗期が向いたのでしょうね。コーチ視点に立ったときに、萩原さんの反抗期を受けて、コーチ自身が指導方法を変えられたのか、それとも変わっていないのか、コーチ側の変化が気になります。

萩原　変わったと思います。でもそれは、年齢における対処法、指導方法の変化もあるかもしれません。小学生のときはコーチに何でも話せていたんですが、反抗期に入った途端、私が反抗的な態度をとり、会話も少なくなりました。でも、そのことに私自身が先に疲れてしまって、最後のほうは早く反抗期を終わらせたいと思っていました。反抗期を演じているような感覚で、引っ込みがつかなくなっていたのが、自分でもわかっていたんです。

母による「危機介入」が大きなターニングポイント

――まさに反抗期特有の難しさですね。

萩原　ある日の練習で、いつものように神田コーチに反抗して、練習を途中でやめて、家に帰ってきたことがありました。早く帰ってきたので、母も当然心配をして、「どうしたの？　ケガでもしたの？」と聞いてきましたが、最初は「私の取り組みがダメで、神田コーチに反抗して帰ってきた」とはとても言えず……。でも、最後の最後に本当のことを母に伝えたら、いつもは優しい母がブチ切れて、私の水泳バックや靴を玄関から投げ出して、「神田コーチに謝ってこなかったら、一生、家に入れない！」と外に出されたんです。私は泣きながらスイミングスクールに戻って、神田コーチに謝って……。おそらく、コーチから母には事前に電話があって、母も事情を知っていたんじゃないかな。でも、私が口にするまでは、ずっと我慢をして待っていました。

――一生忘れられない、お母さんとのやり取りですね。

萩原　あの日を境に、自分自身の気持ちや考え、悩みをコーチにさらけ出せるようになりました。私の中では、母に叱られてコーチに謝ったときに、「これで反抗期を終えられる」という解放感と安心感があって、叱られたこと以上に、「母に助けてもらえた」という気持ちが強く残りました。

村中　お母さんからすると、**親として「ここだけは絶対に踏み外したらいけない」と、危機介入すべきタイミング**だと思ったのでしょうね。娘の人生の大きな転機になる。この瞬間を見逃してしまったら、娘の水泳人生がどうなってしまうかわからない。

萩原　母があんなに怒った姿は初めて見ました。それだけにあの日のことは今でも覚えています。

村中　私の著書の中でも紹介していますが、叱ることに効果があるとしたら、現在進行形で起きていることへの「危機介入」です。萩原さんの事例は、まさに今起きていることであり、半ば強制的に強引に謝りに行かせた。でもおそらくは、萩原さんが家に帰ってきたあとは、いつも通りのお母さんだったのではないでしょうか。叱り続けることはなかったと推測します。そうなると、「危機介入」の意味合いがより強くなってきます。

萩原　村中先生のおっしゃる通りです。謝りに行ったあと、コーチが家に電話をしてくれたこともあって、母がスイミングスクールまで車で迎えに来てくれました。もう本当に何事もなかったように、「お疲れ」って。「あのキレ具合は何だったの？」って、逆に私のほうが気まずい感じで。夜も普通にご飯を食べて、いつも通りに接してくれて、それがありがたかったです。この日で反抗期は終了。皆さんは、どうやって反抗期を終わらせているんですかね（笑）。

村中　具体的にどのぐらいの期間、反抗期があったんですか。

萩原　中学3年生、15歳の冬ですね。12月から翌年3月ぐらいまでだったと思います。

――そうなると、ちょうど高校に入学する前ですね。

萩原　そうなります。私は中学3年生の夏に一気に記録が伸び、アトランタ五輪の候補に挙がるようになりました。それで調子に乗ってしまい、「いいタイムが出たから大丈夫」と思ってしまったんです。「オリンピックに行きたい」と口では言いながらも、必死で練習をしていない。そこに反抗期も重なって……、結局、高校1年生の春にあった選考会は3位で、日本代表になることはできませんでした。

村中　今のお話を聞くと、お母さんは相当な危機感を持って、危機介入したことが改めてわかりますね。

叱られても怒られても「塩対応」だった選手時代

萩原　オリンピック予選が終わってから、コーチと心底向き合うようになりました。とにかくよくミーティングをしていた思い出があります。「オリンピックに行きたいと言っていたのに、たいした練習をしなくて、準備もできていなくて、自分が情けなくて恥ずかしい」と弱音を吐いたら、**「何を言っているの？　どこが恥ずかしいの？　智子は十分、頑張っていたでしょう。じゃあ、これからどうしたい？　どうなりたい？」と問いかけてくれました。私のことをすごく受け入れてくれている感じがあって、本当にありがたい存在でした。**

村中　神田コーチもすごいですね。「この子には、自分で考えて自分で決めさせるコーチングスタイルのほうが合っている」と、指導のモードを切り替えたのでしょうね。そのスタンスだったからこそ、萩原さんも弱音を吐けたのだと感じます。

萩原　のちに、神田コーチは「あとにも先にも、こんなにコーチとしての能力を鍛えられたのは智子だけだ」と話してくれました（笑）。

村中　ものすごくわかります。相当悩まれたのでしょうね。

萩原　コーチもしんどかったと思います。私が大人になってから、一緒に食事をしたときに、「智子は本当に大変だったよ。でも、やっぱり人それぞれ個性があるんだなと思った」という話をしていました。水泳は大勢で同じような練習をすることが多いですが、「それが当てはまらない子もいる。ものすごく考えさせられた」とも言っていました。

村中　本当にいいお話ですね。

萩原　私は相当ひねくれていたんですよ。「何やってんだよ！」と怒られたら、怒られた分だけ頑張らない人だったので（笑）。叱られても、全然聞いていない。だから、神田コーチも「智子への指導は今まで通りではいけない」と思ったのかもしれません。あとは、反抗期があったことも影響していると思います。

村中　指導者側が「叱る」にハマっていく最大の要因は、「叱ったら響く」「叱ったことでその場の行動が変わる」という効果が見えるからです。指導者側のガソリンというかエンジンというか、萩原さんの場合はそれが一切返ってこなかった。「叱ることに対する報酬がなかった」と言うことができます。

萩原　私の「塩対応」というか「塩反応」がイヤだったんでしょうね。

村中　神田コーチが萩原さんとともに、オリンピックに行くまでの過程を歩んだことは、ほかの選手への指導にも影響が出たのでしょうか。

萩原　そうだったらいいですね。そのあと、私が山梨学院大学に進学したタイミングで、神田コーチも大学の監督になりました。大学の水泳部からは、私がシドニー五輪に出場したあと、前回のパリまでずっとオリンピック選手が生まれています。

村中　それはすごいお話ですね。名コーチになるきっかけが、萩原さんの「塩対応」だったかもしれませんね。

誰かに決められたことでは逃げ場ができる

――スポーツ選手にとって、「与えられたメニューをやるほうがじつは楽」で、「自己

決定を重視されるほうが厳しい指導」という声を聞いたことがあるのですが、萩原さんは自己決定ゆえの難しさは感じていましたか。

萩原　いえ、私は自己決定できる環境が好きでした。一番は、人のせいにできなくなることです。**誰かに決められたことだと、絶対に逃げ場ができて甘えてしまいます。**だから、私は自分で決めたい。練習内容などもコーチと話し合って決めるときもありましたが、最終的にA、B、Cの中からひとつを選ぶのは自分で、決めたからこそ迷いなく頑張ることができました。

――自己決定において、コーチからかけられた印象的な言葉はありますか。

萩原　「智子が決めたなら、最後まで頑張りなさい。あとは、おれは応援するだけだから」ですね。アトランタの選考会で敗れたあと、高校1年生の夏のインターハイが地元・山梨でした。そこでは活躍したい。目標を決めたあと、コーチからその言葉をもらいました。

――アスリートであれば、自分の想いを誰もが持っていると思いますが、それを受け入れてくれるコーチがいないとなかなか言い出せない気もします。実際にはどうでしたか。

萩原　本当にその通りです。神田コーチとの練習に慣れていたので、合宿などでほかの先生に教わったときに、戸惑ったことがありました。神田コーチと同じ感じで、「この練習をこんな感じでやりたいんですけど、いいですか？」と言ったら、「何を生意気なことを言ってんだ！」と言われてしまったんです。「あ、やばい、神田コーチと違うんだ……」とそのときすぐに思って、「すみませんでした」と謝りました。

村中　今のやり取りは、すごく考えさせられますね。神田コーチと萩原さんで作ってきたカルチャーと、一歩外に出たときのカルチャーではまったく違う、ということですよね。本来、選手が「より良くしよう」と思った発言に対して、「生意気だ」と返すことなんてありえないですけどね。何をもって、「生意気認定」をしているのか。**そもそもの目的は、萩原さんがより強い選手、より速い選手になるための練習であって、そこにつながる考えであれば、採用されるべきはず**です。この問題の根源にあるのは、「**コーチ側に意思決定権があって、選手側には決定権がない**」ということになります。

――スポーツ指導の中では、よくある話かもしれません。

村中　スポーツ指導のカルチャーとして、変わってほしいところではありますね。

――水泳界の中で、神田コーチのように意思決定を選手に任せるコーチは珍しかったのでしょうか。

萩原　どうなんでしょうか。でも、ほかにも神田コーチと同じように、選手の主体性を重視するコーチは何人かいらっしゃいました。オリンピック選手を出している先生方に、そういう指導のコーチが多かったように思います。あとは、私が振り返って思うのは、自己決定を任せてもらえたことが、自立にもつながったのかなということです。合宿で「生意気だ」と言われたとき、全体練習が終わったあとに、追加で個人練習をやっていました。他の指導者にお願いしてタイムの計測や、ビデオの撮影をお願いするなど、コーチに注意されたから、「もうやめておこう」ではなくて、自分で考えて動けるようになっていきました。「自立」という表現が適しているかわかりませんが、神田コーチに教わる中で、「自分自身」を確立してもらえて、自己分析ができるようになり、周りの意見に流されにくくなったと思います。

――少し表現が悪いかもしれませんが、神田コーチの存在が大きいゆえに、「依存」してしまった時期はなかったですか。

萩原　それはないですね。神田コーチの考えがおかしいと思ったら、「それはおかしいと思います」と言える関係でしたから。ケンカというか、言い合いはよくしていました。指導者との間に一線を引くことは大事にしていたほうだと思います。

いい指導者とは……
ひとりの人間として認めてくれる人

――日本代表候補の合宿等で、さまざまな指導者に出会ったと思いますが、「選手にとってのいい指導者」とは、どんなコーチだと思いますか。

萩原　難しい質問ですね……。やっぱり、「自分自身をひとりの人間として認めてくれる人」だと思います。神田コーチがまさにそうでした。

村中　それは、「主体者としての存在」みたいな話につながっていきますね。ここまでのキーワードとして挙がった、「自己決定」や「自立」は、近年教育界で話題になっている「エージェンシー」に関わる話ですね。この言葉はOECDが打ち出した言葉で、文部科学省は「自ら考え、主体的に行動して、責任をもって社会変革を実現していく姿勢・意欲」と説明しています。その人が主体者として当たり前に存在していることが前提にあり、指導者側は「主体者たるこの人はどんな気持ちで、どんなことがやりたくて、何を達成したいか」を常にベースに置きながら指導をしている。萩原さんが、神田コーチから「主体者」として尊重される機会が増えれば増えるほど、依存の状況にはなりにくいはずです。

――指導者と選手として、理想的な関係だったわけですね。

村中　逆に、**依存的な状態になりやすいのは、選手側の主体者としての感覚がごりごりと削られていくとき**です。わかりやすく言えば、「指導者に権限があるので、あなた（選手）は私に従いなさい」という関係性です。この関係性がエスカレートしていくと、暴力や体罰を受けているにもかかわらず、その相手から離れられなくなる「トラウマティック・ボンディング」と呼ばれる関係性になってしまう恐れがあります。一見するといびつな関係性でありながらも、自分自身の存在が揺らぐような言動や態度を取られるため、すがりたい、頼りたいという精神状態に陥ってしまう。私は今、関西大学で授業を担当していますが、100人ほどの受講生のうち7割ほどがスポーツに関わっている学生です。このトラウマティック・ボンディングの話をすると、〝自分事〟として聞いてくれる学生が多い印象があります。これまでの競技生活の中で、こうした心理を感じたことがあったのではないでしょうか。

叱り飛ばすような指導は時代遅れ

――村中さんから体罰の話が少し出ましたが、令和になっても体罰や暴言に関わる問題が残っています。元アスリートの立場から、萩原さんはこの問題をどのように捉えていますか。

萩原　それこそ、「叱る依存」が関わっているように思います。あとは、指導者の肩を持つわけではないですが、指導者自身もプレッシャーを感じるところはあるのではないでしょうか。保護者や学校、卒業生からのプレッシャーが、伝統校になればなるほどあるものです。**周囲からのプレッシャーを感じた中で、目の前の選手が思うようにプレーしてくれないことが、怒りにつながっている例もあると思います。何か、「負のスパイラル」ができあがってしまっている。**指導者の不安やプレッシャーを取り除くような環境を、作っていくことも大切なのかと感じています。

村中　たしかに、日常的に苦しみを抱えている人ほど、「叱る依存」に陥りやすい特徴があります。今、萩原さんがおっしゃったプレッシャーにはおそらく2種類あり、

「大会で勝たなければいけない」という結果に対するものと、目には見えないけれども脈々と受け継がれている「叱る文化」があると思います。叱らない指導者はダメだ、そんなに甘い指導では勝てない、と。不安やしんどさを抱えているからこそ、厳しく叱ったあとに子どもたちが思い通りに動いてくれると、快感情を得やすく、大きなご褒美となって返ってくる。それこそが、「子どもたちのためなんだ」と思えるところもあるはずです。

――塩対応の萩原さんとは違って、「報酬」を得られるからこそ、また叱りたくなってしまう。

村中　はい。でも叱ることが日常的になり、叱ることでしか思い通りに動かない状態になると、コーチがいないときに自分たちで高い意識を持って練習しようとはなかなか思わないですよね。社会全体で、「叱り飛ばすような指導はもう時代遅れですよ」という強い風を吹かせて、すべてのアスリートが「主体者」として認められるスポーツ界にしていきたいですね。私がよく話していることですが、はじめはマイノリティーの立場であっても、そのマイノリティーが3割を占めるようになれば、風向きは一気に変わっていくはずです。

萩原　それこそ、益子直美さんが取り組まれている活動の中で、さまざまなエピソードを聞きますが、とても印象的な話がありました。年を重ねた男性の指導者が、泣きながら益子さんのところに来て、「叱る指導しかしてこなかったから、これから先、どんな指導をしたらいいのかわからない」と言われたそうです。明るく楽しく教えるやり方がわからない。結構、根深い問題だと感じました。その方がどのようにスポーツに関わってきたかはわかりませんが、**伝統校で厳しく叱られる指導を受けてきた人が、指導者側に立ったときに、同じようなことをしてしまう負のループが存在しますよね。**そのループをどこかで断ち切らないと、スポーツ指導もなかなか変わっていかないのかなと感じます。

村中　それこそ、楽しく明るく練習をしていたら、「甘い」「緩い」と言ってくる人がいますからね。『〈叱る依存〉がとまらない』を書かせていただいて、いろんなリアクションをもらいましたが、「叱る」を取り上げられたときに、どのように教育していけばいいかわからない……と、恐怖感を持っている人が想像以上に多くいました。人が叱りたくなるメカニズムを知ること、「叱る」に代わる指導方法の実例を数多く提供することが、今後は重要になってくると思います。

勝敗とは違ったところに評価基準を持つ

――小学2年生から水泳をしてきた萩原さんですが、改めて、「スポーツの楽しさ」とは何だと思われますか。

萩原　「自由に楽しめること」です。結果にとらわれず、自分自身が納得できるかどうかが大事だと思います。

――「結果にとらわれず」とは現役時代から考えていたことですか。

萩原　そうですね。ただ、私自身が納得できたレースだと自負していても、周りの方がそうではないときが多くありました。具体的に言えば、メディアの報道とのギャップがあります。メディアが期待していた結果ではない。「私はいい泳ぎができたと思ったけど、そうじゃないんだ」と、そのギャップに飲み込まれていた時期もありました。それを埋めてくれたのも神田コーチで、「智子自身が納得することが一番大事」と教えてくれました。

――競技の結果は相対的なものであって、大事なことは自分がベストを発揮するこ

と、という感覚でしょうか。

萩原　そうですね。今、息子が柔道をやっていますが、一度も勝てなくて。それでも本人は「1回戦突破！」を目標にずっと頑張っていました。親としてはとにかく、見守りながらも、頑張れと背中を押していたんです。ある日の試合で、1回戦で負けたにもかかわらず、本人が「今までの中で一番良かった」って喜んでいたんです。私はそれが嬉しくて、息子の前で泣いてしまって、「ママ、何で泣くの？」と不思議がられました（笑）。勝負も大事ですけど、「今持っている自分のベストを出し切る」という感覚が、わかったんじゃないかなと思って。

――それは、お母さん自身がそういう感覚を持っているからでしょうね。

萩原　本当に嬉しい瞬間でした。あの日が、彼にとってのターニングポイントになったのか、練習をより頑張るようになって、この間、1回戦突破できました。**子どもはひとつのきっかけで大きく変わっていく。負けたとしても、別のところで自分を評価できるのは、すごく大事な観点**だと思います。

村中　**勝ち負け以外のところに、どれだけ豊かな評価基準があるかが大事**なんだと思います。50パーセントの確率で勝者と敗者が出ると考えれば、勝負の世界で負けることは避けられないことなので。それに、自分が100パーセントの力を発揮したとしても、勝負は相対的なものなので負けることもある。勝敗だけを唯一絶対的な基準にしてしまうと、息子さんのようなリアクションは出てこないはずです。「練習でやってきたことを出し切る」とか、「前回出た課題を克服する」など、他者には影響されない評価基準をしっかりと醸成できると、息子さんのような感覚が芽生えてくると思います。

萩原　嬉しいです、ありがとうございます。

村中　これはある種の「有能感」というか、「自分はできる」という手応えですよね。心理学の世界では、内発的動機づけの研究が行われていて、その大家であるエドワード・デシ博士は、「自律性」と「有能感」の2つが内発的な動機づけに必要だと発表しています。言い換えれば、自分で物事を決めていく自己決定によって自律性が育まれ、その取り組みに何らかの手応えが重なると、有能感が高まってモチベーションが上がっていく。繰り返しになりますが、**有能感の基準が勝ち負けだけでは、やっている選手は苦しくなってしまう**と思います。

ひとりでも応援してくれる人がいれば頑張れる

――今スポーツ界で大きな問題になっているのが、アスリートに対するSNS等での誹謗中傷です。アトランタ五輪やシドニー五輪の頃は、まだSNSが普及していなかった時代ですが、萩原さんもさまざまな経験をしてきたと思います。

萩原　現役時代はまだSNSがない時代でしたが、私は誹謗中傷を直接受ける機会が多くありました。なぜだかわかりませんが、きっと言いやすかったんでしょうね……。オリンピック代表が決まったあと、電車に乗っているときに、「ハギトモとか騒がれているけど、どうせ結果はダメでしょう」と私に聞こえるように言っている人たちがいました。電車を降りるときには、「萩原智子なんて大嫌い」と言われて……。当時は20歳です。今であればそれなりの対処法を身につけていますが、20歳の私にはかなり堪えました。まったく知らない人に、何でそんなことを言われなければいけないのか。家に帰って、母の前で泣きました。何も聞かずに、何も言わずに泣き止むまで抱きしめてくれて、「大丈夫だからね。智子が頑張っているのはお母さんが知っているからね」と言ってくれたんです。それでまた、余計に涙が止まらなくなりました。

——そのときの萩原さんの感情は……。

萩原　怒りですね。怒りが湧いてきて、その怒りと戦っていて、苦しかった。それを外に出したくて、その夜、母にワーッと言った感じです。でも、母はニコニコしていたんです。娘がこんなことを言われたのに（笑）。そのあと、母が「言ってくれた人にありがとうだね。成長できたでしょう」と言ってくれました。その言葉で、私の怒りがすべて消えて、ほわーっと無くなっていく感じで。怒りの感情は、うまくエネルギーに換えられるときもあれば、足を引っ張るときもありますよね。あのときの私にとっては、足を引っ張ってしまうエネルギーでした。

——お母さんの言う「成長」とはどういう意味ですか。

萩原　私自身が、「ひとりでも応援してくれる人がいれば頑張れるんだ」という感覚を持てたことです。母にも、「お母さんがいてくれてよかった」と伝えました。それが実感できたことを、母は「成長」として捉えたのだと思います。

——村中さんにお聞きしたいのですが、誹謗中傷する側はどういう心理状態なのでしょうか。

村中　構造的なお話をすると、誹謗中傷する人は、誹謗中傷する先を自ら探しているところがありますよね。そして、何らかの形で、社会的正義の優位な側に立って、誰かを罰したい。悪いことをした人に罰を与える「処罰欲求」は誰もが持っている欲求ですが、それを充たすことでなんとか自分を支えている人がいるのも現実だと思います。

萩原　シドニーオリンピックで4位になって、メダルが獲れずに帰ってきたときには、「国の税金を使っているのに、メダルのひとつやふたつ獲ってこれなくて、どうすんだよ！」と指を差されたこともありました。やはり若い私には耐えられず、しばらく家に引きこもりました。人に会うのが怖くて。それでも、結果が出なかった私のことを受け止めてくれて、どんな結果であっても、萩原智子をひとりの人間として認めてくれる人がいました。そういう方々とは、今でもお付き合いがあります。大好きな人たちで、信頼を寄せています。

一通の手紙から知った
オリンピックで泳いだ価値

――さきほど、「自分自身が納得できる泳ぎが大事」と話されていましたが、シドニー五輪後に周囲からのバッシングを受けたときに、「勝たなければいけない。メダルを獲らなければいけない」と、結果にとらわれてしまうことはなかったのでしょうか。

萩原　なかったですね。変わらずにいられたのは、自分を受け入れてくれる人たちがいたからです。シドニーオリンピックのあと、大学やスイミングスクールにたくさんのお手紙やメールが届きました。コーチや先生方がいい内容のものだけを選んで、私に届けてくれたと思います。「頑張ったね」「また応援しています」といった内容も嬉しかったのですが、それとはまったく別のお手紙がありました。ペンネームは、「60歳代のばぁば」。その方の近況報告だったんです。

――どんな内容だったのか教えていただけますか。

萩原　今でもよく覚えています。「萩原さんの200メートル背泳ぎの決勝の泳ぎ、美しかったです。私も泳ぎたくなって、60年間プールに入ったことがなかったけど、すぐに入会届を出して、泳いでいます。今、すごく楽しいです」。ものすごく感動して、涙がこぼれてきました。私がオリンピックで泳いだことの意味や価値があったのだと感じさせてくれました。ひとりでもそういう方がいらっしゃったことに、心から救われました。

村中　素晴らしいお話ですね。

萩原　私も、「ばあばのように楽しく泳げるようになりたい」とまた思いました。この手紙で、初心に返ることができました。家族や神田コーチはじめ、たくさんの人に助けていただいて、本当に周りの方に恵まれていた水泳人生だったと思います。

スポーツを通じて学んでほしい他者を認める力

――本当に素晴らしいお話をありがとうございます。時間のほうもありますので、そろそろ締めに入りたいと思います。お子さんもスポーツに打ち込んでいますが、スポーツを通してどんな人に育ってほしいという願いはありますか。

萩原　自己決定がしっかりできることと、人を認められる人になってほしいと思っています。人を認めるためにも、まずは自己分析して、自分自身を受け入れ、認めてあげる。自己受容と言えばいいのでしょうか。自分以外の人を認められる人は、イコール自分を認められる人。それこそ、誹謗中傷の問題もそこに関わっていると思っていて、自己受容ができない人が、誹謗中傷に走ってしまうのかなと。

——お子さんが自己受容を育めるように、親としてアプローチしていることはありますか。

萩原　結果が良くても悪くても、スタンスを変えず受け入れることでしょうか。そして良い部分を探して褒める。それこそ、ずっと負け続けていたので、褒めるところを探しまくっていました（笑）。「試合が始まる前のあの挨拶良かったね」とか、「試合前に3回ジャンプしたよね。あれ、かっこよかったよ」とか、とにかくよく見るようにしていました。勝負の結果に関しては、本人が一番わかっているところなので。そのうえで日常生活の中や試合後など、息子自身が考える時間がとれるように会話しながら質問しています。

——ダメ出しはしませんか。

萩原　あまりしないように気を付けています。ただ、柔道は礼儀が大事な競技なので、先生や相手に対する挨拶がしっかりできていなかったときは、言うようにしています。「あのときの挨拶どう思った？」「ちゃんと、先生の目を見ていなかったかも」「それってどう思う？」と。

――そのときも「こうしなさい」ではなく、問いかけるんですね。

萩原　いつも意識していることですが、私も人間なので叱りすぎてしまうこともあり、「ゴメン、ママ怒りすぎた」と素直に謝るようにしています。それが、良いことなのかどうかはわかりませんが。

――スポーツ指導者が読む本になりますが、最後に「もっとこうなってほしい」という願いを込めたメッセージをいただけますか。

萩原　私自身も含めてですが、「学び続ける」ということがとても大事だと思います。私はオリンピアンとして水泳指導をしたこともありますが、オリンピックに出場しただけでは限界があると思い、指導者資格を取得しました。時代が変わり、さまざまな研究が進み、新しい指導方法や考え方がどんどん出てきています。自分の考えをアップデートし続けることが、体罰やスポハラの理解にもつながっていくのではないでしょうか。

村中　萩原さんは、主体性を大事にされる環境の中で育ち、周りの方との出会いによってご自身との向き合い方を学び、最終的にオリンピック選手にまでなられて、今はお仕事としてスポーツに関わっている。決して、「叱る指導」のコーチのもとで育ってこられたわけではないところが、非常に重要であって、萩原さんのさまざまなエピソードをぜひ、多くの人に知ってほしいですね。私自身も生涯学び続けることを心掛けているので、アップデートを続けていきたいと思います。

第4章

指導現場からの質問に答えます

Q1

主力選手を一定期間、試合から外して、「今のままの意識では成長できない」と無言のメッセージを送るやり方がありますが、その効果はどれほどあるのでしょうか。

A

「罰では人は学ばない」効果はほぼないと言っていいでしょう

一言で表現するのなら、「罰では人は学ばない」に尽きます。

指導者の恣意的な判断が入った瞬間、選手側はしらけてしまうのではないでしょうか。「試合に出られるように取り組む姿勢を変えよう」と、本心から思う選手がどれほどいるかは疑問です。結局、指導者のコントロールのもとにいるわけですから。

こういう仕組みを作りたいのであれば、事前にチーム共通のルールを決めたほうがいいでしょう。「全力でプレーしないことがあれば、レギュラーでも試合から外す」「遅刻をした場合は、○日間のペナルティーを与える」など、あらかじめ決めたことを全員平等に適用するのであれば、そこまで不満は出ないかもしれません。

とはいえ、試合や練習から外すことを仕組み化している時点で、良いシステムだとは思いません。モチベーションが上がる選手はかなり稀だと思うからです。少なくとも「冒険モード」で競技に向かう選手がいなくなる発想のように思います。

Q2

きつく怒ることで選手に気付きを与えたい、そういう手法をとる際に大きな声を出すことも必要だと思いますが、村中先生はどのように考えていますか。

A

大きな声で怒るだけでなく、ぜひいろいろな方法を試してみてください

大きい声を出すことは、たくさんある指導方法の中のひとつでしかありません。その中で、「もっとも優れた手法」だと言い切れる根拠をお持ちでしょうか。さまざまなやり方を試して、検証したうえで、「大きな声を出すことが、もっとも効果があった」と実感しておられるのであれば、構わないと思います。

ただ、仮にそのときに効果があるように感じたとしても、きつく怒ることでしか伝えることができないのであれば、次に同じような状況があったときに、さらに激しい声をあげる必要が出てくるかもしれません。同じやり方ではもう伝わらない可能性がありますので。そう考えると、最上位の手法とはなりえないように思います。

ぜひ、いろいろな方法を試してみてください。人間は誰しも、慣れ親しんだ方法を変えたくない習性があります。「慣れ」に頼っているうちは、残念ながら、指導の引き出しを増やすことができないのではないでしょうか。

Q3

厳しく怒る指導で結果を残している小学生のサッカーチームがあります。それによって、中学のクラブチームからスカウトを受けるなど、子ども自身のキャリアが広がる可能性がありますが、親としてはどのように考えればいいのでしょうか。

A

チームの指導を俯瞰的にとらえて、さまざまな情報、知識を得たうえで判断してみてくださ い

保護者の方の視点で言えば、そのチームの指導を俯瞰的に見られるかどうかが大事になってくると思います。具体的に言えば、「監督はネガティブ感情をうまく使って、子どもたちを思い通りに動かしている。小学生世代のサッカーでは、勝ちやすい手法を選択している。でも、自ら考える力が育まれているわけではない」という理解を持つことです。

そのうえで、ご家庭の教育方針と照らし合わせて、どうすれば良いかご判断いただくことになるでしょう。主体性や自ら考える力と、クラブチームからのスカウト。どちらを優先するのかは価値観の問題になりますので、正解があるわけではないと思います（もちろん、主体性を尊重した先にスカウトがくることもありえることで、その逆もしかりだと思います）。

また保護者の判断と同等、もしくはそれ以上に大切なことはお子さん自身の気持ちです。お子さんはどうしたいのか、どんな気持ちでチームに参加しているのかなど、フラットに話を聞いて、親子で相談していただきたいと思います。

ぜひその前提として、「叱る指導」に対する知識を学んでいただきたいです。これだけの情報社会です。何かを知りたい、学びたいと思えば、いくらでも情報を手にすることはできると思います。子どもに伝えるかどうかは別にして、保護者側はさまざまな知識を持っておいて、損になることはないと思います。

Q4

指導者が叱らずに、生徒自身に気付かせるためには我慢が必要だと思います。でも、実際にはなかなか我慢ができません。なぜ、人間は我慢ができないんでしょうか。アドバイスをいただけると嬉しいです。

A

「意志の力」だけで解決しようとせず、まず「仕組み」から変えてみては？

すでにお伝えしている通り、「人間の意志の力は、自分が思っているよりも弱い」ということなのだと思います。意志の力に頼ろうと思うと、まあ失敗します。私も何度も失敗しました（笑）。

「叱ってはいけない。目をつむって我慢しよう」と思っている時点で、すでにうまくいかないループにはまってしまっていますので、仕組みとして改善の余地があるわけです。具体的には、自分の「処罰欲求」が刺激されない環境で、かつ子どもたちがうまく強くなる環境をどうしたら作れるのか。そこが勝負の分かれ目です。決して、「叱る自分はダメな指導者なんだ」と自分を責めることはしないでください。叱っても人は学ばないし、成長しないからです。それは自分自身を叱る場合も同じです。自分自身の問題ではなく、そうしたくなってしまう仕組みやルールの設定に問題があると考える方が、前向きにうまくいきやすい発想だと思います。

ひとつの提案としては、指導者自身が「どういうときに叱りたくなるか」を自己分析するといいと思います。どんな行動によって、処罰欲求がメラメラと生まれてしまうのか。それをわかったうえで、仕組み作りを始めてみると、今までとは違う思考を加えられるのではないでしょうか。

仮に……、ランニングの足が揃っていない、返事が揃っていない、挨拶が乱れているなど、集団の乱れが気になるようであれば、「そもそも、全員で一律に同じ動きを求めることにどれほど意味があるのか？」と問うてみてください。もし大した意味がないなら、ルールや練習設定を変えていきましょう。このあたりが、スポーツ指導者が一番叱りたくなる原因のように思います。この構造を変えずに、「叱る」を手放すことは、至難のワザだと言っていいでしょう。

Q5

チームの前でひとりの選手を叱り、「組織を締める」というやり方が昔から存在します。実際に効果を感じるときもあるのですが、叱る手段としてはどう思われますか。

A

本当の意味で「効果がある」と言えるのか、一度考えてみてください

そうですね。チームをピリッとさせるという目標を達成することはできると思います。でも、おそらくその効果は数分、長くても数時間で終わってしまうのでは……。そのあとに、子どもたち自身が主体的に頑張るようになるかというと、疑問は湧きます。結局、指導者の「最上位目的は何か」ということにつながりますが、このやり方は組織を締めることにしか、役立たないのではないでしょうか。残念ながら、「恐怖で気持ちが引き締まる」→「その後に成長する」という発想自体が幻想なのだと思います。

効果の割に弊害が大きいというか、費用対効果が見合っていない点も重要です。人間は面白いもので、自分が取った行動の直後に起きた変化が、その後の行動に無意識のうちに影響を与えることがわかっています。「強化学習」と名付けられている

行動メカニズムのひとつです。今の事例に置き換えると、「叱った直後に組織が締まった」という変化が、その行動をその後さらに多用していく原因になるということです。ですが、それはあくまで直後の変化の影響であって、子どもたちが中長期的にどう変化したかとはまた別の話です。

さらにいうと、こうした強化学習において「時間的近接性」が重要であることが分かっています。何か行動を起こした「直後に起こる」変化が、その後のその行動の学習に関わるのです。たとえば、ダイエットがなかなかうまくいかないのは、運動した直後にすぐに体重が減ることはないからです。もし、運動や食事制限をした効果が直後に出てくれれば、みんな苦労せずにダイエットを成功させることができるでしょう。しかしながら現実は、運動や食事制限を続けた先にようやく体重が減り始めます。だからダイエットは、強化学習の恩恵を受けにくい行為だと言えるでしょう。

ご質問に話を戻すと、「一人を叱って、組織を締める」という方法は、そもそも「成功事例」と呼べるのでしょうか。そこから考えなくてはいけません。チームの状態を良くすることよりも、指導者が満足すること自体が目的になってしまっている可能性があるのです。組織に緊張感を走らせることに関してはうまくいったけど、指導者の声にビクビクするような組織になって、指示がないと何もできないチームになってしまっては意味がないですよね。

Q6

他者への共感を身につける方法はありますか。他者の考えを受け入れられないことが、叱りたくなる欲求につながっているように思います。

A

「共感」ではなく「他者の権利を尊重する」ことを意識してみてはいかがでしょう

こちらのご質問の前提には、叱る指導を手放すためには、「他者への共感が大事」という考えをお持ちだと推測しました。たしかに他者に共感することは、優しさや思いやりといった社会的な行動にとって、とても大切なことだと思います。

ただし、「叱る指導」の問題を、指導者の気持ちや心の問題にしてしまうと、物事の本質が見えなくなってしまうと思います。

「できない子どもにも、優しく関わってあげなくてはいけない」

「言うことをきかない子どもにも、それなりの考えがあるから認めてあげなくては」

こんなふうに思っているうちは、叱る指導を手放せないように思うのです。なぜならば、もっとも大事なことは「共感」の問題ではなく、他者の「権利の尊重」の問題だからです。本書の本文でも触れましたが、日本の道徳教育や人権教育の大きな課題は、権利の問題がいつの間にか優しさの問題にすり替わってしまうことです。それではいつまで経っても、権利の話に入っていけません。

そもそも、子どもたちには物事を選択する権利がある。そして、その権利を何らかの理由によって一部制限できるのが、親であり、指導者である。だからこそ、どんな理由でなぜ行動を制限したり、強制するのかを、常に考えなくてはいけないのです。この理解が進まない限り、子どもたちの「自己決定」は尊重されず、「叱る指導」を手放すことは難しいのではないでしょうか。

Q7

職員室で一緒に働く同僚の仕事が遅く、イライラしてしまいます。「教員という仕事が向いていないのでは……」と思うことさえありますが、この感情をどこに持っていけばいいでしょうか。

A

自分の力で変えられるものと変えられないものを整理してみましょう

社会全体の「人材流動性」がうまく進んでいないことで、ミスマッチが起きやすくなっている事実も存在するように思っています。特に、教員は志望者が減っていて、人員不足の学校も多いと聞きます。

その事実があったうえでの理想論になってしまいますが、すべての人にとって、合う仕事・合わない仕事というのが存在し、適材適所に配置できれば、うまく回る組織はたくさんあるはずです。

組織の多くは「レンガ型」で、一人ひとりやるべき役割が決まっていて、ひとりでも欠けると、それを埋めようとして周りにしわ寄せがいく。誰かに大きな負担がかかってしまうわけです。でも、脳の特性が違うように、得意・不得意が必ずある。不得意な仕事を求め過ぎてしまうと、誰も幸せになれません。

私が求める理想の組織は「石垣型」です。ひとつひとつ形の違う石がバランスよく積み上がることによって、城壁ができあがる。一見すると凸凹に見えていても、互いに補完し合うことで成り立っています。

これは、団体スポーツにも当てはまることで、Aさんの不得意なことと、Bさんの得意なことを交換できるような組織作りをすると、個性を発揮しやすいチームになっていくはずです。今の日本は社会全体が「レンガ型」なので、もっと自由度の高い「石垣型」に変わっていくと、その人が合う役割を見つけやすいように思います。

とはいえ、これでは即効性のある解決策にはならないと思うので、今できることとしては、イラッとする場面や行動を一旦書き出してみてはどうでしょうか。自分の力で変えられるものと、変えられないものを整理してみることで、叱りたくなる場面を減らすことができるかもしれません。

Q8

世の中は児童や生徒には「もっと自由に、主体性を尊重して」という声が多いですが、教員側にはさまざまな制約がかけられています。上からの指示も多く、主体性を持つのが難しいのが現状です。教員の冒険モードをオンにするには、どのような仕掛けが必要でしょうか。

A

「一斉授業」を手放し、教員の役割を根本から変える必要があると考えています

残念ながら、おっしゃる通りだと感じます。既存の学校システムが変わらない限り、冒険スイッチを入れるのはなかなか難しいのが現状ではないでしょうか。

それこそ、学校の仕組みそのものを改善していくしかないと思います。たとえば私の改革案のひとつに、教員の役割をティーチャーからコーチャーに変えることがあります。

つまりは、「教える」教育から、「学び」の主語を子どもたちに戻すこと。全員一律一斉授業を手放し、子どもたちが教科書のペースではなく、子どもたちに合ったペースで学習を進めていけるようにする。そして、教員はそれをサポートする立場に回ることです。全員が同じペースで学習を進めようとするので、どうしても遅れを取る生徒が出てきてしまうのです。他人との比較によって、劣等感も生まれてしまいます。

多くの教育現場に触れて、日本の教員は非常に秀でた能力を持っていると私は感じ

ています。何に対して優秀かというと、与えられた仕組みや条件にあわせて、粛々と仕事を全うしていく能力です。この点においては、世界有数なのではないかと思っています。

だからこそ、何度もお話ししているように、仕組みの変更が重要になるのです。意識の前に、仕組みを変えるのです。人の意識の変容や個人の力で教育を変えていくには、限界があります。ひとりのカリスマ教員や校長だけでは、その学校を変えることはできても、日本の教育を変えていくことはできません。ですが仕組みが変われば、きっと先生方はその仕組みに順応し、自然と意識も変わっていかれるのだと思います。

決して、「一斉授業をゼロにしましょう」と言っているわけではありません。「一斉授業こそが、教育の根幹であるという考えをやめませんか」ということです。子どもたちの主体的な学びを育みたいなら、一斉授業はとても効率が悪い方法のように思います。それに、コーチングが主になれば、教員側の授業準備に対する負担も減り、その時間を子どもたちとの関わりという本来的な仕事に使うこともできると思います。

Q9

個人的に村中先生がおっしゃっている考えはよくわかりますが、その考えを広めていくのが難しいと感じます。先輩の指導者を見ると、今でも厳しく叱ることをひとつの手法として使っています。どうすれば、村中先生の考えを現場に広めることができるでしょうか。

A

同じ想いを持った仲間を、全体の3割まで増やす努力を

私も何とか多くの人に広まってほしいと願って、こうした本を書いています。ですが「叱る」に関しては、本質的に私の本を必要とされておられる人ほど、「読まない」「聞かない」傾向があることも承知しています。叱る指導をやめられない指導者の机に、私の本を置いていただけると個人的には嬉しいですが、きっと読まれないだろうと思います。場合によっては、怒りだしてしまわれることもあるでしょう。

そこで私が大事にしているのが「風向きを変える」という発想です。

これは、変われる人から変わっていこう。「叱るを手放す」人の数を増やしていこうという発想です。スポーツ指導の領域でいうならば、子どもたちの主体性を重視し叱る指導を手放した指導者が、どんどん活躍される時代になることを目指す考え方で

す。私の感覚では、そういった指導者の割合が「3割」を超えてくると、社会全体の風向きが変わってくるのではないかなと思っています。そして5割を超えれば、そちらが多数派です。完全に風向きを変えていけるでしょう。

社会全体の風向きという発想が大きすぎるならば、あなたの周囲にいる指導者に限定しても構いません。同じ想いをもった指導者を、3割仲間にする。それなら頑張れそうな気がしませんか。

Q10

私は社会科の教員をしています。倫理的な質問になりますが、村中先生にとって「叱る」という行為は「性善説」からくるものでしょうか。あるいは、「性悪説」からくるものでしょうか。

A

そもそも「性善説」「性悪説」という発想で物事を考えていません。

「性善説」「性悪説」に関して言えば、「何が善で、何が悪かを誰が決めるのか」という、そもそもの根本的な部分に疑問を持っています。

極論になるかもしれませんが、殺人は常時であれば「極悪」ですが、戦時中であればたくさん人を殺した人が「英雄」になります。なにをもって「善」「悪」とするのかは、非常に恣意的な問題であり、その時々の社会状況にも強い影響を受けていると思います。だから私は、「性善説」「性悪説」という発想で物事を考えることがそもそもありません。

おそらく、このご質問の意図は、「人間は放っておくと欲望や自我に走るという前提があるため、教育や訓練が必要になるのでしょうか？」という主旨だと推測します。教育や訓練と「叱る」はまた別の話になります。叱らなくても教育ができることは、これまでも述べてきた通りです。

では、そもそもなぜ教育が必要かと言えば、人間という存在自体が非常に「社会的な生物」だからです。社会的ゆえに、ひとりでは生きていけない。それは心理的な意味だけでなく、人が多数いなければ、これだけの社会が作られていないわけです。

たとえば、今当たり前に使っている電気や照明も、個人の力だけで一から作ることができる人は極めて少ないでしょう。少なくとも私には絶対に無理です。だから人は、多かれ少なかれ社会と接点をもちながら、生きていかなくてはいけません。そのためには、「社会規範」を身につける必要があります。

そのうえで大事になるのが、子どもたちが自分の知性や感性を働かせて、この世界を理解し、自分なりの生き方を定めていくことです。だから本来は「叱る」ことなどは不要なのです。場合によっては、適切なフィードバックが必要なこともあるでしょう。その場合は、その人のありのままの姿を、第三者が「鏡」として映し出すことができるかどうかが問われます。今、何が起きていて、どんな課題があり、何を改善したほうがいいのか。これをしっかりと伝えてあげることが、その人の成長につながっていくはずです。

Q11

村中さんの考えを書籍等含め、さまざまなところで学んでいます。自分のチームで行動を起こすとしたら、どこから手をつければいいでしょうか。

A

まずは「ルール」や「環境」を変えることから始めてみてはいかがでしょう

同じ話ばかりで申し訳ありませんが、「仕組みを変える」ことを検討してほしいと思っています。そして、仕組みを改善したことによる成功体験を早く得ること。そうすれば、いかに仕組みが大事なのかを身をもって体感できるはずです。

まずは、指導者自身がそのチームにおいて、絶対的な権力者であり、自分の思い通りに善悪を決められる立場にいることを自覚してください。その権力を握っている指導者の考えのもと、何らかの仕組みが動いているわけです。「うちに仕組みなんてあるのかな？」と思う人もいるかもしれませんが、練習の進め方、メンバーの決め方など、チーム運営は「仕組みの塊」と言っても過言ではありません。

家庭の中にも、必ず仕組みは存在します。たとえば、片付けがうまくできない小さい子に、ついつい叱りたくなってしまうとします。この場合は、片付ける場所や片付けるタイミングについての取り決めすべてが仕組みです。

片付ける箱をもうひとつ用意して環境を変えれば、すっきり片付けることができるかもしれません。また、今までは1日1回やっている片付けを、3日に1回にすれば、そこまでイライラすることも減るかもしれません。こういうこともすべては仕組みの変更なのです。

「仕組み」という言葉にピンとこなければ、「ルール」や「環境」という言葉に置き換えて考えていただいても構いません。これらを少し変えることによって、うまく回り始めることが必ずあります。それを1日でも早く、体験してほしいですね。「こういうことか！」と実感できれば、さらに改善を図ろうとすると思います。

多くの人が、ダイレクトに相手を変えようとしますが、人に直接アプローチするだけではどうしても限界があるでしょう。

Q12

高校の生徒指導において、服装の乱れや時間を守れないといった行動を改善できない、あるいは改善しようとしない生徒がいます。叱ることを含めて、いろいろな言い方ややり方で伝えているつもりですが、なかなか改善されません、叱ることが「無力」に思えたとき、次なる手段はあるのでしょうか。極端な例で言えば、犯罪を繰り返している受刑者にはどのような指導や話が必要なのか……ということと共通点があるような気がします。一定の罰を与えて、それでも気付かない者に対してできる術はどんなことがありますか。

A そもそも、なぜ「校則を守る必要があるのか」を合理的に説明できますか？

Q1．の回答と重なりますが、「罰では人は学ばない」という前提があります。

罰せられたときに、人の心に芽生えてくるのはネガティブ感情です。どう考えても、自ら学ぶ状態にはなりません。それどころか、きつい罰を与えれば与えるほど、同じ過ちを繰り返す傾向があります。映画『プリズンサークル』を観ていただくと、私が言っていることの意味をより理解していただけると思います。極論になるかもしれませんが、悪いことをした人に対して、「罰則を与えれば、反省して、学ぶはずだ」という考え自体が幻想だと思ったほうが良いのだと思います。

あと、この質問で気になるのは、罪を犯すことと校則を守らないことをリンクさせようとしていることです。校則には、社会に出たときには必要のないルールがあり、学校の中でしか通じないことが少なからずあります。別の場で、「校則が守れない生徒は、社会に出たときに罪を犯すのではないか？」という質問を受けたことがありましたが、発想としては似ていると思います。

生徒の立場からすると、「校則と法律は別でしょ？」と思うのではないでしょうか。高校を卒業したら、髪を伸ばすことも染めることもできますよね。ほぼ、自由です。きっと、多くの生徒が、「校則って何のためにあるの？　何のために守らなくちゃいけないの？」と疑問を持っているのではないでしょうか。合理的に納得できる理由があるのなら、おそらくは守る生徒が増えるはずです。一方で、刑法など犯罪に関する法律については、ある程度納得している生徒が多いでしょう。

つまりは、校則を守ることと法律を守ることは、まったくの別物であって、校則を守れないからといって、法を犯すかとなると、それもまた別の話です。

このあたり、私はかなりドラスティックな考えを持っているので、学校が校則で個人の権利にむやみに制限をかけることは、人権侵害と同じだと思っています。権利を制限したいならば、それ相応の合理的な理由がなければなりません。

Q13

村中先生自身が感情のコントロールに失敗したことはありますか

A めちゃくちゃあります（笑）

これは、いい質問ですね（笑）。めちゃくちゃありますよ。小学生の息子にもイラッとして、叱ってしまうことはあります。

そもそも、自分自身のふるまいに問題意識があるからこそ、「叱る」に関心を持って探究を続けてきたのです。そしてきちんと文字にして自分に言い聞かせるために、本を書いているところもあります。何も問題がなかったら、学ぼう調べようとは思いません。自分自身の心をしっかりと律するためにも、さまざまなロジックを整理しているのです。

だから、安心してください。私自身も含め、誰だってうまく自分をコントロールできないときはあります。ですが、それと「叱る指導」を正当化することは、話が別です。完璧な指導者になどなれませんし、ならなくていいのだと思いますが、常に子どもたちへの影響に自覚的である必要はあると思います。

そして最後に、私もそうですが、指導者は学び続けましょう。新しい知見や、知っておくべき世の中の動きに常に高いアンテナを張り続けることが、指導者としての責任であり役割なのだと思います。

村中直人（むらなか・なおと）

1977年生まれ。臨床心理士・公認心理師。

一般社団法人子ども・青少年育成支援協会代表理事。Neurodiversity at Work株式会社代表取締役。人の神経学的な多様性に着目し、脳・神経由来の異文化相互理解の促進、および働き方、学び方の多様性が尊重される社会の実現を目指して活動。2008年から多様なニーズのある子どもたちが学び方を学ぶための学習支援事業「あすはな先生」の立ち上げと運営に携わり、「発達障害サポーター's スクール」での支援者育成にも力を入れている。現在は企業向けに日本型ニューロダイバーシティの実践サポートを積極的に行っている。著書に『〈叱る依存〉がとまらない』（紀伊国屋書店）、『「叱れば人は育つ」は幻想』（PHP研究所）、『ニューロダイバーシティの教科書――多様性尊重社会へのキーワード』(金子書房)がある。

大利実（おおとし・みのる）

1977年生まれ、横浜市港南区出身。港南台高（現・横浜栄高）－成蹊大。スポーツライターの事務所を経て、2003年に独立。中学軟式野球や高校野球を中心に取材・執筆活動を行っている。『野球太郎』（ナックルボールスタジアム）、『ベースボール神奈川』（侍athlete）、『ホームラン』（ミライカナイ）などで執筆。

著書に『高校野球激戦区 神奈川から頂点狙う監督たち』（小社刊）、『高校野球継投論』（竹書房）などがある。『導く力　自走する集団作り』（長尾健司著／竹書房）、『仙台育英日本一からの招待　幸福度の高いチームづくり』（須江航著／小社刊）などの構成も担当。2021年2月1日から『育成年代に関わるすべての人へ ～中学野球の未来を創造するオンラインサロン～』を開設し、動画配信やZOOM交流会などを企画している。

https://community.camp-fire.jp/projects/view/365384

ブックデザイン　山之口 正和＋中島弥生子＋齋藤友貴（OKIKATA）
カバーイラスト　丸山 誠司
DTPオペレーション　株式会社ライブ
編集協力　花田 雪
編集　滝川 昂（株式会社カンゼン）